Juego y aprendizaje escolar

T0307639

JUEGO Y APRENDIZAJE ESCOLAR

Perspectiva psicogenética

Oscar A. Zapata

EDITORIAL
PAX MÉXICO

EL LIBRO MUERE CUANDO LO FOTOCOPIAN

Amigo lector:

La obra que usted tiene en sus manos es muy valiosa, pues el autor vertió en ella conocimientos, experiencia y años de trabajo. El editor ha procurado dar una presentación digna a su contenido y pone su empeño y recursos para difundirla ampliamente, por medio de su red de comercialización.

Cuando usted fotocopia este libro, o adquiere una copia "pirata", el autor y el editor dejan de percibir lo que les permite recuperar la inversión que han realizado, y ello fomenta el desaliento de la creación de nuevas obras.

La reproducción no autorizada de obras protegidas por el derecho de autor, además de ser un delito, daña la creatividad y limita la difusión de la cultura.

Si usted necesita un ejemplar del libro y no le es posible conseguirlo, le rogamos hacérnoslo saber. No dude en comunicarse con nosotros.

EDITORIAL PAX MÉXICO

PORTADA: Guadalupe Pacheco y Salvador Hernández

© 1989 Editorial Pax México, Librería Carlos Cesarman, S.A.
Av. Cuauhtémoc 1430
Col. Santa Cruz Atoyac
México D.F. 03310
Teléfono: 5605 7677
Fax: 5605 7600
Correo e.: editorialpax@editorialpax.com
Página web: www.editorialpax.com

Primera edición
ISBN 968-860-045-8
Reservados todos los derechos
Impreso en México / *Printed in Mexico*

A Yamila mi principita,
a Lourdes y a la familia
Palma, por todas las cosas
buenas que le brindan.

Contenido

Reconocimiento:

Este trabajo se ha visto facilitado por el apoyo inicial que brindó la Universidad Nacional Autónoma de México y el apoyo posterior para su culminación del Instituto Superior de Ciencias de la Educación del Estado de México. (I.S.C.E.E.M.)

Introducción

Una gran cantidad de investigadores de la infancia, han demostrado que el juego es la vida misma del niño. Sin embargo, la educación de nuestros días y en particular la desarrollada en América Latina, no se ocupa lo suficiente de hacer al juego un espacio en sus programas escolares. Una educación "intelectualizada" impide y bloquea toda la manifestación espontánea y libre de la infancia; incluso, con frecuencia, los educadores convierten a los juegos infantiles en meros instrumentos de instrucción, con lo que pierden su legítimo lugar, como manifestación del ser pleno de alegría y en completa libertad.

Por lo que el jugo infantil, enfocado desde la perspectiva de las necesidades e intereses del niño y considerando la génesis de la adquisición del conocimiento puede cumplir un roll transformador de la educación preescolar y escolar, en los sistemas educativos de América latina. Si se comprende al juego dentro del proceso educativo como medio de expresión: instrumento de conocimiento; factor de socialización; regulador y compensador de la efectividad, y un efectivo instrumento del desarrollo de las estructuras del pensamiento en el niño; el juego, resulta un medio esencial de organización, desarrollo y afirmación de la personalidad infantil. Consideramos que en programas escolares debe existir un equilibrio entre los "juegos libres" y "juegos educativos", relación condicionada de acuerdo a las necesidades e intereses del grupo de niños.

Por lo que mediante los juegos libres y los juegos educativos que operan con los medios de la psicomotricidad, se puede apuntar al desarrollo integral de la personalidad del niño, al favorecer, por el dominio corporal, las tres relaciones básicas del proceso educativo, a saber:

— Descubrimiento y conciencia de sí mismo.
— Conocimiento de los otros a la vez que, la aceptación y colaboración con los demás.
— Conocimiento de los objetos y sus diferentes relaciones.

Las aportaciones de la pedagogía y la investigación educativa, y en particular de la psicología, permitieron conocer mucho mejor el desarrollo infantil, lo que generó de inmediato una nueva concepción del niño y su evolución. La influencia de estas nuevas ideas científicas produjo notables cambios en la teoría y práctica educativa en general. A principios del siglo comienzan a desarrollarse investigaciones elaboradas sobre el movimiento corporal, primero por los médicos, luego por filósofos y sobre todo por psicólogos: Maine de Birang, Bergson, W. James, S. Head, Schilder, Charcot, P. Janet Freud, H. Wallon, J. de Ajuriaguerra, J. Piaget, Oseretzky, Guilmain y otros. Paralelamente a estas investigaciones, existía un gran interés respecto al juego y al comportamiento sensomotor por parte de pedagogos como Montessori, Fröebel, Claparéde, Decroly, etc. Como producto de todo este desarrollo científico, hoy en día existen muchas corrientes de investigación y muchos investigadores. Así como, de cualquier forma, resalta la falta de investigaciones y escuelas constituidas para el desarrollo de experiencias pedagógicas en los países de América Latina, (todos los trabajos e investigadores nombrados, sin excepción, pertenecen a países desarrollados: si bien actualmente, desde hace unos años, Latinoamérica está cambiando cualitativamente en experiencias educativas e investigaciones al respecto). En razón de este vacío bibliográfico es que nos hemos propuesto este trabajo, mismo que pensamos pueden resultar un instrumento operativo valioso, para todas aquellas personas que tengan relación con la infancia: padres, educadores, maestros, reeducadores, pedagogos, psicólogos, pediatras, educadores físicos, trabajadores sociales, etc.

Los puntos que enfocamos aquí son los siguientes: partimos de algunas concepciones de los juegos y en particular la visión de H. Wallon, para luego recuperar el punto de vista de los principales sistemas preescolares y el valor que le conceden al juego, nos referimos a la metodología de Fröebel, Montessori, Decroly y Freinet. Estos son los elementos teóricos y prácticos con los que desarrollamos nuestro enfoque metodológico y definimos los principales temas y conceptos con que clasificamos a los juegos educativos; continuamos con la orientación didáctica de los juegos educativos o sea, niños de 3 a 4 años, de 4 a 5 años y de 5 a 6 años de edad, e implementarlos para los niveles maternal y preescolar, partiendo del juego libre y del juego educativo, a estos últimos los clasificamos de la siguiente forma:

— Juegos de motricidad general.
— Juegos de percepción sensoriomotriz.
— Juegos para la estructuración del esquema corporal.
— Juegos de lateralidad.
— Juegos de ritmo, tiempo y espacio.
— Juegos de atención, memoria y deducción.
— Juegos de expresión oral y aprestamiento para la lectura.
— Juegos de expresión gráfica y aprestamiento para la escritura.
— Juegos de aprestamiento para las matemáticas.
— Juegos de aprendizaje y socialización.

Para concluir, con un capítulo referente al material de juegos y algunos criterios para su evaluación; así como, un perfil psicomotor de los niños de 3 a 6 años, que permita orientar a los padres o educadores.

Capítulo I

Los juegos infantiles y la educación

El juego infantil

El juego representa un aspecto esencial en el desarrollo del infante, en cuanto a que está ligado al desarrollo del conocimiento, de la afectividad, de la motricidad y de la socialización del niño, en pocas palabras, el juego es la vida misma del niño. En los programas de educación preescolar, el juego debe ocupar el lugar principal y constituir el eje organizador de toda la actividad educadora.

En razón de la importancia que tiene el juego para la niñez, este ha sido motivo de gran cantidad de estudios e investigaciones, de los que han surgido diferentes teorías y en las que analizaremos aquellos aspectos que resulten significativos para el presente trabajo.

K. Groos, en 1896, realizó una de las primeras investigaciones profundas sobre el "juego de los animales" y posteriormente, estudió los juegos en los seres humanos, pero el hecho de partir del análisis del juego animal dificultó en gran parte, la comprensión y análisis del juego infantil. Esta tendencia que adhirió y continuó Claparéde, enfocó al juego dentro de lo que se definió como la teoría del *preejercicio,* y se lo entendía como un ejercicio de tendencias instintivas que posteriormente encontrarían en la vida adulta, su aplicación concreta en el trabajo, en el deporte o en la vida cotidiana. Se los dividía en *juegos de experimentación* o *juegos de funciones generales* y en *juegos de funciones especiales.* Los primeros comprenden a los *juegos sensoriales,* como por ejemplo, auditivos, visuales, táctiles, silbidos, etc.; los *juegos motores;* carreras, saltos, canicas, etc.; los *juegos intelectuales;* de imaginación, de resolución de problemas, de curiosidad, etc.; los *juegos afectivos* y de ejercitación de la voluntad; contener la respiración el mayor tiempo posible, adoptar posiciones difíciles, etc.; los juegos de *funciones especiales* comprenden a los juegos de persecución, de lucha, de ocultamiento, de caza, de imitación, de actividades familiares y sociales.

La teoría del *preejercicio* tiende a comprender la naturaleza del juego por fines instintivos y biológicos de predisposición hereditaria; en razón de que ciertos instintos se desarrollarán con el ejercicio y, por lo tanto, se perfeccionarán para operar posteriormente en la vida adulta. Claparéde retoma de esta teoría, el valor concedido al juego como factor estimulante del sistema nervioso y del desarrollo de los órganos corporales. Por lo que esta teoría, considera que el juego es como un ejercicio preparatorio para la vida y tiene como objeto el libre desarrollo de los instintos heredados todavía sin formar, el juego resulta así un agente natural educativo.

"No se debería decir de un niño solamente que *crece* —escribe Jean Chateau- habría que decir que "se desarrolla por el juego. Mediante el juego hace actuar las posibilidades que fluyen de su estructura particular; realiza las potencias virtuales que afloran sucesivamente a la superficie de su ser, las asimila y las desarrolla, las une y las complica, coordina su ser y le da vigor".[1]

Por lo que, gracias al tiempo que dura la infancia, en los animales y en los seres humanos, posibilita una etapa de plasticidad que permite que a través del juego, se experimente, se pruebe y se imite. Por medio del entrenamiento que otorga el juego, se desarrollan las funciones fisiológicas y psíquicas del niño.

Una manifestación del juego, que aparece incluso, antes del primer año de vida, consiste en los diversos movimientos que el niño realiza y que para los adultos, parecerían inútiles. Sin embargo, esta actividad posibilita el desarrollo de funciones fundamentales, y a la vez, permite estructurar otras de mayor complejidad, tales como la marcha, la imitación, el lenguaje, etc. Estos juegos que son simples ejercicios de funciones, Ch. Bühler, los denominó *juegos funcionales:*

"La actividad que comportan los *juegos funcionales* permite a cada función explorar su dominio y extenderse para originar nuevos resultados. Así se ha podido señalar que la aparición en el niño de toda función nueva (hablar, caminar, etc.) da siempre lugar a múltiples juegos funcionales como si el niño quisiera "probar la función en todas sus posibilidades".[2]

El juego permite al niño construir un mundo aparte, evadirse de la realidad para entenderla mejor —de la misma forma que un profe-

1 Chateau, Jean. *Psicología de los juegos infantiles.* Ed. Kapelusz. Buenos Aires 1958. p. 4.

2 Chateau, J. Op. cit. p. 7.

sional, cuando tiene que realizar un trabajo necesita abandonar la "tiranía" de lo real, y por medio del pensamiento desarrollar un proyecto que le permita posteriormente, enfrentar la realidad y transformarla— para Chateau, la desvinculación del medio ambiente es la característica del proyecto, y el niño en el juego "participa también de esta naturaleza del proyecto. Jugar a la madre y a la hija, es ejercitarse en el plano de lo imaginario para la realización concreta futura. El mundo del juego es entonces una anticipación del mundo de las ocupaciones serias. Sin duda se nos dirá que el niño no ve tan lejos, que el juego no es un adiestramiento. Ya lo hemos dicho. Pero la prueba del juego realiza de hecho un adiestramiento involuntario. El juego prepara para la vida seria, como lo ha visto Groos. En consecuencia, se puede concebir el juego como un rodeo que conduce finalmente a la vida, como un proyecto de vida seria que la bosqueja de antemano. Por el juego, el niño conquista esa autonomía, esa personalidad y hasta esos esquemas prácticos que necesitará en la actividad adulta".[3]

Por lo que, por medio del juego, el niño se aleja del mundo real y puede comprender ese mundo distinto al propio; "el mundo adulto"; a la vez, que va conformando su futura personalidad que le permitirá incursionar con éxito en el mundo de la actividad social y laboral. Como muchos autores lo han señalado, el juego desempeña en la infancia el rol que el trabajo desempeña en el adulto. De aquí la importancia fundamental del juego infantil; un niño que ha jugado adecuadamente será un adulto que se integre constructiva y creativamente a su realidad. Por medio del juego, el niño se prueba física y mentalmente, y esto le permite ganar autonomía y afirmar su Yo.

Al respecto, Chateau escribe: "Sin duda el juego del niño es un ejercicio como el juego animal, pero en el espíritu del niño que juega es ante todo una prueba de su personalidad y una afirmación de sí".[4]

El juego y las etapas evolutivas en la concepción de H. Wallon

Henri Wallon, un científico que trabajó sobre la evolución psicológica del niño y abrió el camino para múltiples ensayos prácticos en el campo del movimiento y el juego, considera que "...el juego se confunde bastante bien con la actividad entera del niño, mientras ésta sigue

3 Chateau, J. Op. cit. p. 15.
4 Chateau, J. Op. cit. p. 24.

siendo espontánea y no recibe sus objetivos de las disciplinas educativas,"[5] Desde otro punto de vista, la cita anterior marca también para nosotros, la limitación que imponemos a la actividad espontánea del niño cuando tratamos de enfocar el juego dentro de los parámetros de lo pedagógico. Wallon realiza la siguiente clasificación de los juegos correlacionándolos con las etapas evolutivas: *juegos funcionales; juegos de ficción; juegos de adquisición* y *juegos de fabricación.* Respecto a los *juegos funcionales,* los entiende como aquellos que comprenden toda actividad que se guía por la ley del efecto, y que además son movimientos elementales y muy simples; movimientos que tienden a lograr el dominio de ciertos gestos y a ejercitar el auto-conocimiento corporal, como mover los dedos; tocarse un pie; o alcanzar un objeto; producir sonidos; tirar cosas, es decir, las diferentes formas que ayudan para nuestro desarrollo evolutivo para conocernos y conocer el medio exterior, y que nos sirven a la vez, para experimentar y ganar experiencia. Estos juegos permiten al niño experimentar con su propio cuerpo y con los objetos externos. Posteriormente, en una segunda etapa, el niño comenzará con los *juegos de ficción,* como por ejemplo, jugar a la familia y a la comida; jugar a las muñecas; a los indios; "montar" en un palo de escoba, etc. Más adelante, los *juegos de adquisición* le permitirán percibir y comprender a los seres humanos y a las cosas que lo rodean por medio de sus sentidos y la razón, el niño absorberá todo, no se cansará de oír relatos y cuentos; de aprender canciones ni de realizar cualquier esfuerzo para captar el medio y la cultura de su realidad circundante.

Por último, en los *juegos de fabricación* se va a producir la síntesis integradora de las anteriores etapas, por medio de estos juegos el niño opera con los objetos y los va a combinar, reunir, y en la medida que se va ejercitando aprende a modificar, transformar y construir nuevos objetos o juguetes.

Por lo que para Wallon, existe una progresión funcional que determina la sucesión de las etapas de los juegos en el proceso evolutivo.

"En efecto, las etapas que sigue el desarrollo del niño están marcadas, cada una de ellas, por la explosión de actividades que parecen, durante cierto tiempo, acapararlo casi totalmente, y cuyos efectos posibles él no se cansa de perseguir. Estas actividades jalonan su evolución funcional, y algunos de los rasgos de éstas pueden retenerse como pruebas para discernir o medir la aptitud correspondiente".[6]

5 Wallon, Henri *La Evolución Psicológica del Niño.* Ed. Psique. Buenos Aires 1972. p. 75.

6 Wallon, H. Op. cit. p.p. 79-80.

Al preguntarse la razón por la que se ha dado a estas diversas actividades la denominación de juego, considera que es producto de asimilarlas al juego del adulto, pero inmediatamente va a marcar las diferencias, entendiendo primeramente que el juego infantil es "expansión", y desde este punto de vista se opone a un actividad seria como es el trabajo; si bien, el juego es una actividad que no exige esfuerzo, muchas veces exige más energías que las requeridas para las actividades de la vida cotidiana; por eso el mismo autor señala: "No existen actividades, por arduas que sean, que no puedan servir de motivo al juego. Muchos juegos buscan la dificultad, pero es menester que esta dificultad sea buscada por sí misma. Los temas que se propone el juego no deben tener su razón fuera de sí mismos. Se ha podido aplicar al juego la definición que ha dado Kant del arte: "una finalidad sin fin", una realización que sólo tiende a realizarse a sí misma. Desde el momento en que una actividad se vuelve utilitaria y se subordina como medio a un fin, pierde la atracción y los caracteres del juego".[7]

Por medio de los diversos juegos que la tradición infantil ha ido legando de una generación a otra y dentro de los marcos de las diferentes culturas y sociedades, se pueden rescatar ciertos juegos "universales" que han tomado una forma definida y específica, y que los estudiosos podrían llegar a estructurar como baterías para evaluar el desarrollo evolutivo. "De edad en edad, estos juegos señalan el advenimiento de las funciones más diversas. Funciones sensoriomotrices, con sus pruebas de habilidad, de precisión y rapidez, pero también de clasificación intelectual y de reacción diferenciada, como el *gran bonete*. Funciones de articulación, de memoria verbal, de enumeración, como esos *destrabalenguas* o *fórmulas* que los niños aprenden los unos de los otros con tanta avidez. O también funciones de sociabilidad, bajo la cubierta de esos partidos que oponen equipos, clanes y bandas, y en los cuales los papeles se distribuyen de acuerdo con la colaboración más eficaz para el éxito común sobre el adversario".[8]

No puede darse el juego si no se produce una satisfacción que permita superar las limitaciones o imposiciones de las normas que responden a las actividades responsables de la vida laboral o cotidiana. Si bien, el juego puede llegar a ocuparse de estas actividades, en la medida que se puedan realizar libremente; el juego del niño resulta una exploración alegre y apasionada del entorno y que tiende a experimentar la función en las más diversas y amplias posibilidades.

7 Wallon, H. Op. cit. p. 77.
8 Wallon, H. Op. cit. p. 80.

Por medio de un riguroso análisis Wallon llega a la siguiente premisa: "El juego es la consecuencia del contraste entre una actividad liberada y las actividades en las que normalmente se integra. El juego evoluciona en medio de oposiciones y se realiza superándolas".[9]

En razón de ser una actividad libre, el juego se perdería rápidamente en reiteraciones que lo volverían monótono y aburrido; la superación de estos bloqueos es posible gracias a las reglas a las que se tiene que sujetar. Dichas reglas sirven de guía para resolver las dificultades específicamente elegidas y a la vez, permiten al niño probarse. El placer del juego está en lo incierto e inesperado y en la superación de las dificultades que imponen las mismas reglas. La necesidad de evitar toda previsibilidad de los resultados en el juego hace que tenga que unirse estrechamente a lo inesperado, a lo imprevisto, es decir, al orden del azar. Por esta razón señala Wallon: "Las reglas del juego suelen consistir en la organización del azar, y compensan de este modo lo que el simple ejercicio de las aptitudes podría tener de excesivamente regular y monótono. El azar es el antídoto del destino cotidiano: contribuye a sustraerse a él. El azar mezcla así a los placeres funcionales un cierto sabor de aventura".[10]

En el juego viven estrechamente interrelacionadas la ficción y la realidad. El juego permite disparar la libre fantasía respecto a las cosas, pero el niño no se engaña; en él opera constantemente el plano de la observación y la credulidad cómplice que acuerdan los jugadores. Estos dos planos no dejan de superponerse constantemente.

En todo este proceso la función de la imitación tiene un rol muy importante dentro del juego, de la misma forma que el niño se autoconforma como el "personaje" que admira y se imagina diferentes situaciones en las que actúa de acuerdo a su personaje. Wallon realiza un análisis sistemático y preciso de este complejo proceso psicológico de la infancia: "El niño repite en sus juegos las impresiones que acaba de vivir, las reproduce y las imita. En el caso de los más pequeños, la imitación es la regla del juego. La imitación es lo único accesible para ellos, mientras no pueden superar el modelo concreto y viviente, y captar la consigna abstracta. Pues la comprensión infantil es tan sólo una asimilación de otro a sí mismo, y de sí mismo a otro, en la cual la imitación desempeña justamente un gran papel. Como instrumento de esta fusión, la imitación presenta una ambivalencia que explica ciertos contrastes en los cuales el juego encuentra ali-

9 Wallon, H. Op. cit. p. 88.
10 Wallon, H. Op. cit. p. 91.

mento. Esta comprensión no es casual: es muy selectiva en el niño, y se vincula a los seres que tienen para él el máximo prestigio, los seres que suscitan sus sentimientos y que ejercen una atracción de la cual, por lo general, no está ausente su afecto. Al mismo tiempo, él mismo se convierte en sus personajes. Siempre dedicado a lo que está en vías de ejecutarse, el niño se imagina y se quiere poner en el lugar de sus personajes".[11]

Por medio del juego, el niño canaliza su deseo de extender la actividad a todo lo que lo rodea, de conquistar el medio y no ser manejado por éste así como captar y absorber la realidad y no ser dominado por ella.

Desde el punto de vista de nuestro trabajo. H. Wallon nos enfrenta a la contradicción de tener que aceptar que si el juego del niño está condicionado por la disciplina y finalidad educativa deja de ser juego. Pero por otro lado, el estímulo de la educación no debe ser el miedo al castigo, sino la necesidad y el interés del niño por lo que trata de realizar o asimilar, el juego resulta un elemento esencial para articular una educación renovadora en donde la disciplina interna pueda sustituir a la externa. Esta es la razón de que los trabajos escolares orientados por medio del juego pueden llegar a conformar una institución escolar adaptada a los intereses y necesidades de la infancia.

11 Wallon, H. Op. cit. p.p. 92-93.

Capítulo II

El juego infantil y su valor psicopedagógico en la educación maternal y preescolar

Se considera que el movimiento de la educación preescolar sistemática fue iniciado por el pedagogo alemán Friedrich W. A. Fröebel, (1782-1852); si bien, es cierto que los centros preescolares surgen como una necesidad social y familiar.

La primera escuela de este tipo se debe a Robert Owen en Inglaterra, (1816) que hizo centros para los hijos de los trabajadores de su fábrica, de New Lanark a la que, podían incorporarse cuando los niños sabían andar. El establecimiento resultó un modelo para fundar nuevas escuelas para párvulos en toda Europa.

Como producto de esta iniciativa, los pedagogos y psicólogos comprendieron rápidamente la importancia y la necesidad de este nuevo nivel educativo y comenzaron a realizar experiencias y a desarrollar nuevas teorías educativas que permitieran aprovechar las ventajas de iniciar la tarea pedagógica con los niños más pequeños. De esta forma, surgieron los sistemas de educación preescolar que conocemos y que modificaron radicalmente la visión sobre la infancia; y las teorías, los métodos y las técnicas que existían en esos momentos.

La educación preescolar centrada en el niño: El método fröebeliano

Discípulo de Pestalozzi, Fröebel aplicó sus ideas a la educación de los niños de nivel preescolar. La pedagogía de Fröebel, se fundamenta en la actividad, es decir, su método es natural y activo, en razón de tomar en cuenta la naturaleza infantil y su espontaneidad. En los jardines infantiles o *kindergarten*, las "plantas" son los niños, que bajo el cuidado y estímulo de sus "jardineras"-educadoras, crecerán continuamente por su propia espontánea actividad, y acorde con su naturaleza. Asimismo, el autor considera que es necesario estudiar el desarrollo del niño para ayudarle en su autoeducación y poder así facilitarle su autodesenvolvimiento. Toda la práctica del método de Fröebel está en función del niño y desde el punto de vista de los contenidos que se realizan por y mediante el niño.

Influido por la tradición *roussoniana* Fröebel tomó muy en cuenta los bloques del desarrollo infantil generados por la familia y la escuela; por esta razón, consideró que la actividad espontánea del niño sería la principal protagonista de su educación y de la formación de su personalidad. La autoactividad infantil resulta la palanca esencial y más fecunda para considerar desde el punto de vista educativo y el desacierto mayor resulta la autoridad impuesta que frena la actividad espontánea. Por lo que, el niño debe ser considerado y respetado en su desarrollo con plena autonomía, pero debe ser guiado para asumir lo "bueno" y el "mal".

En el *kindergarden* el niño desarrolla su individualidad naturalmente gracias a la actividad espontánea, pero debe procurar el desenvolvimiento social, por medio de un ambiente de colaboración adecuado.

El juego en el método fröebeliano

Su método tuvo muy en cuenta las percepciones y las sensaciones del niño, por lo que, estableció un programa de juegos y canciones para padres y educadores, con el fin de utilizarlo en la educación de las sensaciones y las emociones de los niños. Fröebel parte de considerar que el niño es capaz de comprender los símbolos, y por lo tanto, los significados y sus relaciones.

Por la misma razón y por su valor formativo, desarrolló un sistema racional de trabajo manual; consideraba que éste genera en el niño el hábito y la posibilidad de utilizar y modelar los objetos. Por lo que, el material se va a programar de acuerdo al niño.

Fröebel vivió una "realidad alemana" que brindó primordial importancia al juego infantil, y él a su vez, lo incorporó a su teoría y práctica didáctica como un medio fundamental para la educación integral del niño. Comprendió su relevancia para el desarrollo físico y su valor para el desenvolvimiento intelectual y moral.

Dentro de un marco de libertad, partió de la tendencia espontánea del niño para jugar, como pivote fundamental para la educación integral.

Construyó juguetes para el logro de sus objetivos, los denominó Dones o regalos por ser un valioso material que se entrega al niño. Los dones de Fröebel son los siguientes:

1. Una pelota de tela con otras seis pelotas menores que llevan los colores del arco iris.
2. Una esfera o bola, un cubo o dado y un cilindro.
3. Un cubo desarmable en ocho más pequeños.
4. Otro cubo que se descompone en ocho tablitas planas.
5. Otro dividido en veintisiete dados pequeños, entre los que se encuentra alguno diagonal.
6. Un cubo desarmable en veintisiete tablitas.

A los juegos también se les acompaña con cantos en los que los niños participan alegremente; todas estas actividades resultan un medio de observación de la personalidad del niño por parte de la educadora.

La educación para el desarrollo y la liberación de los niños: El método Montessori

La teoría y el método Montessori se debe a la gran educadora italiana, María Montessori, (1870-1952), de la ciudad de Chiaravalle, provincia de Ancona, primera mujer de esa nacionalidad que se doctoró en Medicina. En razón de su interés por sus semejantes y pensando que sus servicios se ampliarían en el campo educativo, pasó de la Medicina en particular a la Pediatría y posteriormente a la Pedagogía. En 1907 inició su carrera pedagógica; Montessori fue además una gran luchadora por la paz y la libertad. Ante el avance del fascismo en su patria, tuvo que huir por motivos ideológicos a Holanda en 1936, estableciéndose en Nordwijh, a la que consideró como su segunda patria.

En la base de la pedagogía Montessori está el postulado *puerocéntrico,* que parte de la naturaleza de la diferencia que existe entre el niño y el adulto, y considera, que el infante necesita mucho cariño pero que está dotado de una inmensa potencialidad latente; el niño es inquieto y se encuentra en una fase de intensa y continua transformación en lo corporal y en lo mental, por lo cual, es necesario permitirle aprender a través de esa gran necesidad de actividad con que cuenta.

El niño se desenvolverá espontáneamente, de acuerdo con sus profundas inclinaciones en un ambiente adecuado y sin las restricciones muchas veces absurdas de los adultos o educadores, gracias a su capacidad natural de autodesarrollo.

Por lo tanto, los principios que fundamentan a esta pedagogía en relación al niño son:

— El principio de libertad
— El principio de la actividad
— El principio de vitalidad
— El principio de la individualidad

Puesto que el niño es un ser esencialmente activo, la actividad física y el movimiento son el camino por el cual la inteligencia logra la captación, y recreación del mundo exterior y permite afinar su voluntad. El hombre se relaciona con el mundo exterior a través del movimiento y la acción, por eso la escuela debe brindar al niño un ambiente apropiado, en el que pueda actuar con total libertad y pueda encontrar el material y los juguetes didácticos que respondan a su profunda necesidad de moverse, de actuar y de realizar ejercicios. Por medio de estos ejercicios libres, el niño conforma su individualidad al tener posibilidades de operar y obtener logros que le permiten sentir confianza en sí mismo. Por lo que el movimiento, además de influir en el aspecto físico, por medio del cuerpo, también influye positivamente en el espíritu del niño, es un factor esencial para la construcción de la inteligencia, que está en relación directa con las experiencias obtenidas del ambiente. El movimiento es la expresión del yo y factor indispensable para la construcción de la conciencia; es el medio tangible y pone al yo en contacto con la realidad exterior.

Las nociones de espacio y tiempo, como bien lo sabemos hoy en día, sólo puede concebirse gracias al movimiento, y M. Montessori, lo considera el factor que liga el espíritu al mundo, es decir como concepción interior y ejecución exterior. Subraya la importancia del movimiento en la construcción de la psique.

"El desarrollo del niño, que se caracteriza por el esfuerzo y el ejercicio individual, no se presenta solamente como un simple fenómeno natural relacionado con la edad, sino que también deriva de las manifestaciones psíquicas. Es muy importante que el niño pueda recoger las imágenes y mantenerlas claras y ordenadas, porque el ego edifica su propia inteligencia gracias al vigor de las energías sensitivas que la guían. Por medio de esta labor interior y oculta se construye la razón, es decir, lo que, en última instancia caracteriza al hombre, ser racional, individuo que, razonando y jugando, puede mandar, y cuando lo manda se pone en movimiento".[1]

1 Montessori, María. *El niño. El secreto de la infancia.* Ediciones Araluce. Barcelona. 1937. p. 156.

Posteriormente retoma la importancia del movimiento en la conexión directa de la construcción de las instancias superiores del hombre y agrega:

"Para comprender la esencia del movimiento, hay que considerarlo como la encarnación funcional de la energía creadora que eleva al hombre a la cumbre de su especie, y que anima su aparato motor, instrumento con el cual actúa en el ambiente exterior realizando su ciclo personal, su misión. El movimiento no sólo es expresión del ego, sino también factor indispensable para la construcción de la conciencia, y es el único medio tangible que pone al ego en relaciones perfectamente determinadas con la realidad exterior. Por ello, el movimiento es un factor esencial para la construcción de la inteligencia, que se alimenta y vive de experiencias obtenidas del ambiente exterior. Incluso las ideas abstractas provienen de una maduración de los contactos con la realidad, y la realidad se apresa por medio del movimiento. Las ideas más abstractas, como las de espacio o tiempo, pueden concebirse gracias al movimiento. El movimiento es, por lo tanto, el factor que liga el espíritu al mundo".[2]

Por último relaciona las funciones motrices con la voluntad:

"El órgano de la función volitiva no es sólo un instrumento de ejecución, sino también de construcción.

Una de las más inesperadas, y por lo tanto, más sorprendentes, manifestaciones de los niños que actuaban libremente en nuestras escuelas, fue el afán y exactitud con que ejecutaban sus trabajos. En el niño que se halla en condiciones de vida libre se manifiestan los actos con los que intenta no sólo apresar las imágenes visibles del ambiente, sino también el afán por la exactitud en la ejecución de las acciones. Entonces, el espíritu aparece como impulsado hacia la existencia y la realización de sí mismo. El niño es un descubridor: un hombre que nace de una nebulosa, como un ser indefinido y espléndido que busca su propia forma".[3]

El método Montessori al concebir esencialmente la educación como *autoeducación;* exige de los educadores que estimulen los ejercicios de la vida práctica infantil y que asuman "la no intervención directa", en razón de que el niño debe hacer su trabajo por sí mismo, a lo sumo la educadora puede recurrir a las formas de orientación materna a través

2 Montessori, Op, cit. p.p. 156-157.

3 Montessori, Op. cit. p. 159.

de la "persuasión". Montessori expresa con total claridad que: "Toda ayuda infantil que se da al niño sólo sirve para detener su desarrollo".

Por lo que, el maestro es una guía, que al principio es más activo pero que tiende poco a poco, a lograr que la relación se invierta; la ocupación no opera tanto en la enseñanza directa como en la dirección y canalización continua y espontánea de la energía física y mental del niño hacia la creación.

Psicológicamente, el método se apoya en el *asociacionismo,* y por medio del material adecuado se inicia con la educación de los sentidos.

Para tener una idea del material didáctico que utiliza, podremos citar el siguiente:

a) Sólidos encastrables, que tienen por objeto ejercitar la observación y comparación de cosas;
b) Material para ejercitar el tacto y el sentido del tacto, consistente en planchas rugosas y lisas, papeles lisos y rugosos, tejidos y tablillas del mismo tamaño, pero de pesos diferentes;
c) Ejercicios para el sentido cromático, por medio de tablillas recubiertas de hilos de seda de diferentes colores;
d) Planos encastrables, para la distinción de figuras geométricas planas;
e) Cuerpos geométricos, para el desarrollo del sentido estereognóstico (forma, consistencia y temperatura);
f) Cajas, para el reconocimiento de diferencias entre ruidos y una serie de campanillas que forman una octava, con sus tonos y semitonos, que incluyen una serie ordenada según las siete notas musicales y otra desordenada.

La utilización del material por lo regular, se implementa en una ideología de tres tiempos que se desarrolla en forma de diálogo docente-alumno, por ejemplo:

Primer tiempo: asociación del nombre con una percepción sensorial: "este lápiz es de color rojo".

Segundo tiempo: reconocimiento del nombre con una percepción sensorial: "me puedes facilitar el lápiz de color rojo".

Tercer tiempo: Memorización del nombre correspondiente a un objeto: "¿Qué es esto?".

El trabajo y el juego

Montessori, se preocupa por estimular el desarrollo integral de la personalidad del niño de forma tal que le permita llegar a la adultez como una persona creadora, madura y feliz; el camino para lograr sus fines se plantea a través de la educación, y en particular, como ya vimos, en un contexto educativo adecuado. Esta es la razón del alto valor que otorgó al diseño de su material educativo. Entre los 3 y 6 años, es la etapa en la cual el niño conquista conscientemente su ambiente y en esta construcción y conquista, la mano adquiere un valor esencial: "...la mano, guiada por la inteligencia, realiza el primer trabajo del hombre. Así, mientras en el periodo precedente el niño era un ser casi contemplativo, que miraba su ambiente con aparente pasividad tomando del mismo lo que le servía para construir los elementos de su ser, en este nuevo periodo ejercita su voluntad. Primero era guiado por una fuerza oculta en él, ahora lo guía su ego, mientras que sus manos se muestran activas. Es como si el niño, que absorbía el mundo a través de una inteligencia inconsciente, ahora lo tomase por su mano".[4]

Esta etapa se la denominó la "bendita edad de los juegos", Montessori señala críticamente, que como producto del avance técnico de la civilización, ésta aleja cada vez más a los hombres de la naturaleza; la cultura ante la imperiosa necesidad de actividad demandada por los niños le ofrece una infinita variedad de juguetes, que bloquean su desarrollo en vez de ofrecerle medios y posibilidades que estimulen su inteligencia; en estos planteos radica el sentido del material educativo del método Montessori. Más adelante explica: "...en los países en que la industria del juguete no es tan avanzada, se encuentran unos niños distintos: son más tranquilos, sanos y alegres. Se inspiran en las actividades que los rodean, son seres normales que tocan y utilizan los objetos que utilizan los adultos. Cuando la madre lava o hace el pan y las hogazas, el niño la imita. Es una imitación, pero inteligente, selectiva, a través de la cual el niño se prepara para formar parte de su ambiente. No se puede poner en duda que el niño debe hacer cosas para sus fines propios. La tendencia moderna es dar al niño la posibilidad de imitar las acciones de los adultos de su familia o comunidad, proporcionándole objetos a la medida de su fuerza y de sus posibilidades, y un ambiente en el cual pueda moverse, hablar y dedicarse a una actividad constructiva e inteligente".[5]

El objetivo de preparar adecuadamente el medio ambiente para que el niño pueda conocerse y asimilar, a la vez que explorar su realidad, se puede lograr por medio del material educativo que debe contar con ciertos requisitos generales. En principio este material didáctico debe ser atractivo, práctico, de fácil realización y contar con ciertas

4 Montessori, M. Op. cit. p. 213.
5 Montessori, M. Op. cit. p. 215.

cualidades estéticas. Por otro lado, debe entrenar varias habilidades y en su conjunto, ejercitar diferentes funciones y desarrollar el interés de los niños en las mismas, a la vez, que permitan ampliar su desarrollo personal. El conjunto de materiales didácticos debe posibilitar que cada niño, individualmente, pueda realizar las actividades a su propio ritmo y adaptarse a su forma de utilizarlo.

Por lo que, también este material posibilita y que con el mismo aprendan y la experiencia ha demostrado que a los niños les agrada mucho jugar con ese material.

Para María Montessori, existe un tránsito gradual que va del juego infantil al trabajo y cuando éste se cumple dentro de los patrones normales del desarrollo infantil, el trabajo del niño cuenta con los mismos intereses y valores que el juego. Al respecto la autora dice: "...los movimientos que conquista el niño no se forman por casualidad, sino que están determinados en el sentido en que son adquiridos en un determinado periodo del desarrollo. Cuando el niño empieza a moverse, su mente, capaz de absorber, ya ha captado su ambiente; antes de que empiece a moverse, ya se ha afectuado en él un inconsciente desarrollo psiquíco, y cuando inicia los primeros movimientos comienza a ser consciente. Si se observa a un niño de tres años, se ve que siempre juega con algo. Esto significa que va elaborando con sus manos e introduciendo en su conciencia lo que su mente inconsciente ha absorbido antes. A través de esta experiencia del ambiente, con apariencia de juego, examina las cosas y las impresiones que ha recibido en su mente inconsciente. Por medio del trabajo se hace consciente y construye el Hombre. El niño se halla regido por una potencia misteriosa, maravillosamente grande, que va incorporando lentamente; de este modo, se hace hombre y lo consigue por medio de sus manos, por medio de su experiencia: primero a través del juego, y luego mediante el trabajo."[6] En lo que respecta al juego libre, Montessori piensa que cumple con la profunda necesidad del niño de expresarse a sí mismo; los materiales y objetos menos estructurados son los más apropiados para lograr esto y los que resultan más útiles a su entender son: el barro, la arena, el agua, las cuentas, el papel blanco, cualquier tipo de material para colorear y todo tipo de material artístico que permita desarrollar la creatividad e inventiva infantil.

6 Montessori, M. Op. cit. p. 44.

Los centros de interés infantiles: El método Decroly

Decroly nació en Bélgica en la ciudad de Renaix, (1871-1932); estudió y se desarrolló en medicina y psicología.

Con base en sus conocimientos de las leyes del desarrollo infantil, trabajó para adecuar la enseñanza a estas leyes, con el fin de atender por medio de una educación integral las necesidades de los niños.

Los principios fundamentales de su método son:

1) *El principio de globalización:* la base psicológica del método consiste en abordar la vida mental como una unidad, en contraposición a considerarla como una suma de partes, de aquí se deduce la necesidad de presentar y estudiar los contenidos como una totalidad estructurada y no como un conjunto de disciplinas. El pensamiento del niño es sincrético y no analítico, este descubrimiento del doctor Decroly, va a resultar el eje organizador de la enseñanza. La función de globalización es un fenómeno que sintetiza las percepciones, la efectividad y la vida mental.
2) *El principio del interés:* las necesidades del niño generan el surgimiento del interés. Por lo que el maestro debe investigar cuáles son las necesidades vitales del educando, con el objeto de partir de las mismas y contar con una fuente esencial de motivación para el aprendizaje. El niño actúa bajo un interés relacionado con sus necesidades, y su proporcionalidad es en relación directa con su motivación.

Decroly, estudiando la actividad espontánea de los niños descubre los centros de interés.

Los centros de interés

Los centros de interés están pensados para que los niños puedan, a partir de los conocimientos sincréticos iniciales, continuar profundizando analíticamente, con el fin de aumentar la comprensión del conocimiento inicial.

Por otro lado, como el objetivo es volver activo el saber del niño, para lograrlo es necesario que lo estudiado cuente con niveles de concretización en la vida infantil.

Por último, como la razón psicológica del método enfoca la vida mental como una totalidad y no acepta la corriente de las funciones psicológicas que la ven como una suma de partes; los contenidos de la enseñanza que el niño debe conocer no deben estar divididos por disciplinas sino que deben presentarse como un todo, finalidad didáctica que cumplen los centros de interés.

De acuerdo con Decroly, hay cuatro necesidades básicas de la experiencia humana de las cuales se pueden desarrollar cuatro centros de interés que pueden integrar toda la enseñanza, a saber:

a) necesidad de alimentación: alimentos, respiración, etc.
b) necesidad de luchar contra la intemperie: frío, calor, humedad, vientos, etc.
c) necesidad de defensa contra peligros y enemigos diversos: limpieza, higiene, lucha contra las enfermedades, precauciones contra accidentes, etc.
d) necesidad de actuar, de trabajar solidariamente, de descansar, de divertirse y desarrollarse.

A su vez, cada necesidad debe abordarse en relación con el ambiente según tres puntos de vista:

1. ventajas para el hombre y medios de utilizar las mismas;
2. inconvenientes y medios de evitarlos;
3. conclusiones del comportamiento práctico para el bien del educando y de la sociedad.

Y se puede organizar su estudio de cuatro formas distintas a saber:

a) Directamente:
1. Por medio de los sentidos y de la experiencia inmediata;
b) Indirectamente:
2. Por medio de los recuerdos personales;
3. Por medio del examen de documentos relativos a los objetivos y a los fenómenos actuales, no directamente accesibles a la experiencia del educando;
4. Por medio del examen de documentos relativos a hechos, fenómenos y objetos del pasado.

Que permiten su desarrollo a través de los siguientes tipos de ejercicios:

a) Ejercicios de observación, referentes al examen personal y directo;
b) Ejercicios de asociación, referentes al examen de objetos distantes, en el tiempo y en el espacio;
c) Ejercicios de expresión, que pueden ser concretos o abstractos:
Concretos: construcción o dibujo de algo;
Abstractos: conversación, lectura, escritura, etc.

Decroly apoya su método en la teoría psicológica de la *Gestalt*, de ahí surge la idea de globalización de la enseñanza; por lo que, es necesario partir de lo sincrético, es decir, por el todo, hacia las partes. Si al niño se le presenta un objeto, primero lo capta como totalidad y luego percibe las partes por medio del análisis.

Para Decroly el proceso de enseñanza debe partir de lo sincrético hacia lo analítico, para finalizar en lo sintético, es decir, la aprehensión consciente del todo sincrético, inicial. Con este proceso de trabajo elaboró Decroly el método ideo-visual para la enseñanza de la lectura y la escritura, por medio del cual, el niño inicia el aprendizaje con la frase entera, luego, continúa con el conocimiento de las letras. Este método invierte radicalmente la forma de la enseñanza que se venía realizando en forma tradicional.

Es necesario considerar, el alto valor que tienen didácticamente los centros de interés al permitir transitar al niño de sus necesidades primarias al conocimiento.

A Decroly no se le escapa tampoco el alto valor educativo y motivacional del juego, es por eso, que su método cuenta con juegos educativos. Escribió conjuntamente con Monchamp, *La iniciación a la actividad intelectual y motriz por los juegos educativos.* Decroly entiende que, desde el punto de vista psicológico, en el niño antes de los 6 años, se puede descubrir una forma de actividad especial: el juego.

"El juego, es sobre todo en lo que el niño difiere del adulto. El niño juega constantemente: juega cuando tiene sueño, juega comiendo, juega de paseo: haga lo que haga, juega siempre. Tan verdad es que jugar es sinónimo de vivir, tratándose del niño, que la primera inquietud de una mamá ante su niño enfermo, nace en el mismo instante en que aquél deja de jugar.

"El juego del niño antes de los 6 años toma ya diversas formas; existe sin embargo un hecho general evidente, y es que el niño juega tanto más, cuantas más cosas le rodean con las que pueda jugar".[1]

Considera que si se desea que el niño progrese en la escuela, sólo se puede lograr si se satisface su tendencia al juego.

Su programa educativo del "jardín de la infancia" contempla los juegos libres y los juegos didácticos. De estos últimos, postula que no se utilicen mucho colectivamente y considera que sirven sobre todo para ocupar a los que terminan un trabajo antes que los demás. El control de los juegos corre a cargo de los niños y no se emplean necesariamente todos los días. Entiende que utilizados con discernimiento y sin exageración, gustan mucho a los niños y no es raro que los elijan al llegar el momento del juego libre.

1 Decroly, Decordes *El jardín de infancia en la Escuela Decroly.* Ediciones C.I.R.E.B. Bélgica, 1957. p. 10.

En su contribución a la pedagogía de los niños y de los niños irregulares, por medio de la iniciación a la actividad intelectual y motriz por los juegos educativos, Decroly adopta la siguiente clasificación:

A. Juegos que se refieren al desarrollo de las percepciones sensoriales y de la aptitud motriz.
   Comprenden:
   a) Los juegos visuales, clasificados bajo los títulos:
      1. Juegos de colores; 2. juegos de formas y de colores; distinción de formas y colores combinados; 3. distinción de formas y de direcciones.
   b) Juegos visuales motores
   c) Juegos motores y auditivo-motores
B. Juegos de iniciación aritmética.
C. Juegos que se refieren a la noción de tiempo.
D. Juegos de iniciación a la lectura.
E. Juegos de Gramática y de comprensión del lenguaje.

Los ejercicios están dispuestos en cada grupo según su dificultad creciente.

La educación por el trabajo: El método Freinet

Celestin Freinet, nació en 1896 y murió en 1966, figura de extraordinario relieve como pedagogo, filósofo, poeta y esencialmente un hombre íntegro y de gran valentía, su preocupación se orientó a construir una "educación para el pueblo y por el pueblo". Principal impulsor del movimiento contemporáneo de renovación pedagógica, se inicia en 1920 como profesor en una escuela popular en los Alpes marítimos franceses.

Freinet se desenvuelve en un contexto histórico marcado por crisis sociales y educativas, las cuales enfrenta con un extraordinario valor personal, ejemplo de un gran hombre y un gran maestro participa en la Primera Guerra Mundial y es gravemente herido en un pulmón, desahuciado por los médicos como inválido de guerra, no se da por vencido y se dedica con todas sus fuerzas al trabajo docente como militante de una educación popular y un mundo mejor: su compañera Elise, se constituye en un gran apoyo e impulsora e su teoría y método; perseguido por sus ideas. En 1939 es recluido en un campo de concentración en Vichy, Francia y es allí, donde gracias a su gran entereza, voluntad e inteligencia, escribió varios trabajos, entre ellos "La educación por el trabajo" y "La psicología sensitiva y la educación", en el primero comienza diciendo: "En los momentos más penosos de mi vida —y nuestra generación parece haber nacido bajo el signo de los grandes trastornos individuales y sociales—, cuando el horizonte está como ocluído por las catástrofes sucesivas, no voy a buscar la serenidad y la íntima esperanza en los filósofos cuya lectura se me impuso antaño", dedicándose a renovar la educación y a adaptarla al mundo nuevo que va a nacer.

Freinet reacciona contra la escuela separada de la vida, aislada de los hechos sociales y políticos, que la condicionan y determinan, parte de una pedagogía unitaria y dinámica, que relaciona al niño con la vida; con su medio social y con los problemas que enfrenta, tanto personales como de su entorno. Entiende asimismo, que la escuela debe ser la continuación de la vida familiar y de la comunidad en la que interactúa la escuela, por lo que la tarea del maestro debe controvertirla en una escuela ***viva*** y ***solidaria*** con la realidad del niño, de su familia y de su entorno.

La educación Freinet y sus sesiones de clase, con sus radicales innovaciones, parte de la búsqueda práctica de la educación popular interesante, eficiente y humana sobre todo, en la cual el trabajo se constituye en eje y motor de su desarrollo. Este trabajo se organiza en torno a una gran variedad de técnicas, como por ejemplo: la introducción de la imprenta en la escuela, que desarrolla una serie de juegos-trabajos, como elaboración de textos libres; el periódico escolar; la correspondencia inter-escolar; las visitas a otras escuelas y a otros pueblos; la organización, preparación y exposición de "las conferencias"; la preparación de fichas de trabajo y documentos sobre diversos temas de interés para los niños; "los contratos de trabajo"; la toma de decisiones grupales y la autogestión escolar sobre diversos problemas de la vida escolar y comunitaria; por último, la cooperativa escolar con las diferentes tareas que a cada niño se le asignan y que tienen a la organización de la comunidad escolar.

Freinet adopta treinta principios que deben operar en toda situación educativa, los denomina ***invariantes pedagógicos***, algunos de ellos son:

- El comportamiento escolar de un niño depende de su estado fisiológico, orgánico y constitucional.
- A nadie le gusta que le manden autoritariamente; en esto el niño no es distinto del adulto.
- A cada uno le gusta escoger su trabajo, aunque la selección no sea la mejor.

— A nadie le gusta alinearse, ponerse en fila, porque hacerlo es obedecer pasivamente a un orden externo.
— A nadie le gusta trabajar sin objetivos, actuar como un robot, es decir plegarse a pensamientos inscritos en rutinas en las que no participa.
— El trabajo debe ser siempre motivado.
— Las notas y las calificaciones constituyen siempre un error.
— A nadie, niño o adulto, le gustan el control ni la sanción, que siempre se consideran una ofensa a la dignidad, sobre todo si se ejercen en público.
— El maestro debe hablar lo menos posible.
— La vía normal de la adquisición no es de ningún modo la explicación y la demostración, proceso esencial en la escuela, sino el tanteo experimental, vía natural y universal.
— Solamente puede educarse dentro de la dignidad. Respetar a los niños, debiendo éstos respetar a sus maestros, es una de las primeras condiciones de renovación de la escuela.

El método natural de tanteo experimental que desarrolla Freinet, parte de entender al niño como un ser que cuenta con una serie de conocimientos previos al ingreso escolar y que su tendencia natural es a la acción, a la creación y a la expresión espontánea en un marco de libertad.

El principio que guía el método y las técnicas Freinet de la enseñanza y aprendizaje de los conocimientos escolares consiste en considerar que se aprende por la actividad específica, esto es, se aprende a leer y a escribir leyendo y escribiendo; a dibujar se aprende dibujando, etc; es decir, por medio de la libre exploración y la experimentación, el niño aprende y conforma su inteligencia y sus conocimientos.

La Educación por el Juego - Trabajo y el Trabajo - Juego.

El proceso de adquisición del conocimiento no se da por la razón; sino a través de la acción, la experiencia y el ejercicio. A esta acción que denomina *trabajo* es la finalidad que debe lograr la escuela o sea la educación por el trabajo; este trabajo escolar deberá estar adaptado y responder a las necesidades esenciales del niño, por lo que, deberá ser en todos los casos: *trabajo-juego.* Este *trabajo-juego* consiste en una actividad que integra los dos procesos y responde a las múltiples exigencias que el niño necesita:

"Hay un juego, por así decirlo, *funcional,* que se ejecuta en el sentido de las necesidades individuales y sociales del niño y el hombre, un juego que hunde sus raíces en lo más profundo de nuestro acontecer atávico y que, indirectamente quizá, sigue siendo una especie de preparación para la vida, una educación que prosigue misteriosa, instintivamente, no al modo analítico, razonable y dogmático de la ecolástica, sino con un espíritu, una lógica y un proceso que parecen específicos de la naturaleza del niño."

"Este juego, se antoja esencial lo mismo en el animalito que en el hombrecito, es, en definitiva, trabajo, aunque trabajo de niño, cuyo fin no siempre captamos y que no reconocemos en modo alguno porque es menos trivial y menos bajamente utilitario de lo que lo imaginamos por lo común. Para el niño, tal trabajo-juego es una especie de explotación y liberación, como la que siente, en nuestros días, el hombre que logra entregarse a una tarea profunda que lo anima y exalta."[1]

Los educadores se han preocupado por el placer eufórico que logra el juego, pero han denominado el impulso de adaptación y liberación que contiene; Freinet entiende que lo esencial de la actividad del juego en el niño, es su dinamismo y creatividad.

"El niño juega y juega más que el adulto porque hay en él un potencial de vida que lo inclina a buscar una amplitud mayor de reacciones: grita de buena gana, en vez de hablar, corre sin cesar en vez de caminar y luego cae profundamente dormido, con la cucharada de sopa en la boca, y nada lo despertará sino hasta la mañana siguiente. La actividad que le permiten o le toleran los hombres y los elementos no basta a gastar la totalidad de ese potencial de vida; necesita un derivativo que no puede imaginar completamente y que se contenta con copiar de la actividad de los adultos adaptándola a su medida."[2]

Por lo tanto, el trabajo puede incorporar la alegría vital que contiene el juego, en la medida que se le ofrezcan a los niños actividades que les interesen.

"Vemos entonces la relación que dan al juego esas cualidades esenciales que hemos reconocido en el trabajo funcional y profundo. . ."

"Esto explica ya el hecho de que, contrariamente a lo que uno cree con frecuencia, el motor principal del juego, no más que el del trabajo, no seal el placer, ni siquiera la alegría. Allí hay una desviación menor de la concepción corriente del juego. Los juegos de los niños, los juegos tradicionales al menos, aquellos que son, por

[1] Freinet, C. *La educación por el trabajo.* Fondo de Cultura Económica México, 1967. pág. 129.

[2] Freinet, C. op. cit. p. 131.

decirlo así, específicos de nuestra especie, como lo es el juego del gato con la hoja en movimiento que figura el ratón, son muy a menudo serios, graves, y no van siempre acompañados de grandes carcajadas, sino a menudo de emociones violentas, de sufrimiento, de golpes inclusive, de tensión extrema, para merecer la victoria.

"Son ante todo, al igual que el trabajo, satisfacción de esa necesidad de vida y actividad que es como el barómetro de nuestro poder específico".[3]

En razón de que los juegos-trabajo responden a lograr las necesidades esenciales del niño, que estas actividades"... juego-trabajo satisface todos los requerimientos primordiales de los individuos; libera y canaliza la energía fisiológica y el potencial psíquico que buscan naturalmente un empleo; tiene un fin subconsciente: asegurar una vida lo más completa posible y defenderla y perpetuarla; ofrece, en fin, una extraordinaria amplitud de sensaciones. Su característica, en efecto, no es en modo alguno la alegría sino el esfuerzo y el trabajo, a los que acompañan la fatiga, los temores, el miedo, la sorpresa, los descubrimientos y una preciosa experiencia. Por su origen mismo, sigue siendo casi siempre colectivo; traduce, sobre todo, esa exasperación congénita del deseo de poder del que ya hemos hablado.

"En un mundo que no está ni concebido ni preparado en función de la juventud, el juego-trabajo es el elemento constitutivo de la organización empírica del universo infantil, organización en la cual la invención no tiene más que un sitio reducido, ya que el niño encuentra mucho más cómodo, como por lo demás lo hace el adulto, utilizar copiosamente algunos moldes imperfectos, es verdad, pero cuando menos experimentados, cuyo uso responde a las necesidades profundas del momento."[4]

Los juegos que satisfacen la necesidad general innata de conquistar la vida son aquellos que corresponden a los gestos del trepador, del recolector, del cazador, del pescador y del criador de ganado, en busca del alimento necesario para la vida; Freinet realiza una extensa clasificación de los mismos:[5]

1) La carrera, el salto con sus variantes, la lucha en todas sus formas; los diversos usos de la piedra y la cachiporra, que han dado, según los países: El juego de tejos; el juego de bolos con su reducción, el de canicas; los diversos juegos de bolas y pelotas; los juegos de *croquet* y otros, que se practican con ayuda de palos o bastones.

[3] Freinet, C. op. cit. Pág. 138.
Nota: Sintetizado y adaptado al presente texto pp. 156-171

El uso de lianas y cuerdas para capturar, dominar y ganar la *presa* o a los *enemigos*, no puede practicarse sino accidentalmente tal como es, por la dificultad que tiene el niño de procurarse los lazos necesarios. El niño, cuya imaginación es tan poderosa, ha reemplazado esos lazos reales con la *cadena* humana, o bien con la figuración mágica de la cuerda o la cadena: la línea de separación trazada en el suelo, el círculo o, a veces, el simple gesto del niño que da vueltas por sí mismo en torno a su víctima. . .Todos juegos de estas categorías son múltiples:

a) La abundante serie de juegos de escondite o de *atrapar*, que son quizá los más esenciales en la actividad espontánea de los niños.

—*Juegos de escondite sencillo:* aquél que es atrapado queda fuera del juego.

— *Juego de atrapar en el cual se mata al atrapado:* gesto de hundir un cuchillo, gritos del moribundo y a veces gesto de tender y enterrar.

—*Juego de atrapar en el cual se ata al atrapado:* ya efectivamente, si la cuerda no es más que un bramante inconsistente o, en su defecto, fingidamente.

—*Juego de atrapar, en el cual se encierra el atrapado:* El perseguidor hace el gesto de cerrar con llave.

—*Juego de atrapar, en el cual los perseguidores forman cadena:* los perseguidores se juntan a esta cadena a medida que se les atrapa. Puede ser, que si se toca al último de la cadena, los prisioneros quedan liberados e intentan escaparse.

b) En la mayor parte de los juegos intervienen, en efecto, la noción de los prisioneros y la liberación, cuyas raíces se sumergen, atávicamente, en las tentativas de liberación de los vencidos. Las variantes son múltiples: cuando el perseguidor toca al perseguido, éste queda sencillamente fuera del juego o debe inmovilizarse, o unirse a los prisioneros, etc.

—Los perseguidos se dan a sí mismos una garantía mediante un refugio, la gruta o el lugar seguro. Basta que el perseguido toque un poste o una puerta, o un gesto convenido o grite: "Score", etc.

c) *Juegos de atrapar por la noche.* La noche se produce artificialmente con la venda que se pone en los ojos del perseguidor. Estos son los juegos de *la gallina ciega.*

d) *Saltar la Cuerda*, y los similares, que pudieran agruparse en este tipo de juego. La cuerda es aquí una especie de símbolo, de obstáculo que hay que franquear; una prueba de fuerza y habilidad para lograr la liberación.

2) Vienen en seguida los juegos en los cuales no se trata de la lucha o persecución del hombre, sino donde se persigue se ata y se libera a animales ficticios:

a) Hay en este grupo juegos sencillos donde el jugador encarna realmente al animal, al grado de imitar su forma de caminar, sus gritos y sus costumbres:

— Juegos tan sugestivos de los pequeños que se identifican con el gato o el perro para caminar en cuatro patas sobre la mesa, mordisquear o rasguñar, comer del plato e incluso en la perrera.

b) En la mayor parte de los juegos donde se trata de animales perseguidos, los actos y gestos de éstos se reemplazan con prácticas o fórmulas simbólicas convenidas. A veces no queda sino el nombre del juego para recordar su origen y sentido verdadero.

Los juegos que corresponden, para el individuo, a la necesidad de conservar la vida y hacerla lo más potente posible.

1. El refugio: para comer, para descansar, para pasar la noche y preservarse del frío, el hombre busca naturalmente un refugio, sea gruta, choza o mansión.

De allí nos viene la atracción misteriosa por las rocas y las grutas y asímismo, el instinto, tan pronunciado en cada uno de nosotros, de la construcción, que es en cierto modo el igual del instinto del pájaro para la construcción de su nido.

Construir una cabañita con piedras y tablas, edificar chozas de ramas, o mejor, una verdadera cabaña con gruesos muros de piedra y paja, etc.; constituye una de las ocupaciones más atractivas para los niños. El escultismo ha sabido explotar esta necesidad, que por lo demás resulta igualmente poderosa entre los adultos, ya que el hombre es esencialmente constructor. Por ejemplo:

— Los diversos *juegos de construcción*, que podrían ser más educativos si se comprendiera el sentido íntimo del interés que pueden y deben despertar en los niños.
— Ciertos *juegos al escondite:* el niño escondido detrás de un árbol, en la hierba o bajo ramitas o tablas, experimenta un poco del deleite que se siente al abrigo de una gruta o una cabaña.
— Los juegos en los que *la casa se figura* con una línea en el suelo que representa una barrera, una especie de rudimentario.

Este instinto de la necesidad de seguridad en un refugio se encontrará por otra parte, y muy a menudo, bajo diversas formas, en todos los juegos inspirados por padre, madre y familia.

2. *La lucha de ataque y defensa:* No basta con procurarse el alimento y ponerse al abrigo, hay también que defenderse de los indi-

viduos que quieran arrebatarnos el alimento y el refugio; o bien, a la inversa, para aumentar el propio poder; se diría, dice Freinet, que los niños no tienen conciencia de lo ineluctable de esta lucha, como si guardaran un lejano y oscuro recuerdo de su pasividad en los choques de los que no fueron frecuentemente sino víctimas. Ocurre que estos juegos se practican casi exclusivamente entre los ocho y diez años. Y que excepcionalmente son individuales. Originalmente, eran las familias, grupos, los clanes, los que se enfrentaban. En los juegos que son la figuración de esos encuentros bando en lucha, y el carácter socializado de esos juegos explica el que no se les practique sino a partir de cierta edad, para luego apasionar, pasado la infancia, en la adolescencia y a veces en la edad madura. La *guerra* es la expresión natural de esa necesidad. La guerra a la que juegan espontáneamente, con una especie de rabia, todos los niños, es una verdadera parodia de las luchas reales. Hay desfile que precede al ejercicio preliminar, con alineamientos, marcha al paso y obediencia puntual al comandante en jefe. Luego viene la lucha verdadera con *armas* (palos, cachiporras, flechas, lazos, fusiles de madera, piedras) o sus símbolos (manzanas, tomates, terrones de tierra o bolas de nieve).

La defensa: en los fortines y las casas viejas; la ocultación detrás de los montículos, el montón de heno, los bosquecillos e inclusive las verdaderas trincheras; *el ataque*, disimulo con máscaras, pintura sobre el rostro y a veces verdaderos lesionados; así como prisioneros avergonzados a los que el enemigo se lleva. Es la historia de la *Guerra de los botones* de Luis Pergaud, uno asiste a verdaderas escenas *épicas* de este juego: los vencedores cortan todos los botones de la ropa de los vencidos, que se ven obligados a enfrentar las burlas de la gente y las reprimendas de los padres. Estos juegos se practican hoy más en las ciudades, que en las aldeas.

3. *Los simulacros de lucha y defensa:* el hecho de que ciertos individuos carecen de la disposición que marca a otros para afrontar así el riesgo y el sufrimiento, hace surgir ciertos juegos que satisfacen esta necesidad de lucha, y que tienen formas menos rudas, el *juego de barras*, que antaño jugaban los muchachos crecidos o los pequeños y al cual ha destronado ahora un poco el deporte;

—*Los soldaditos de plomo*, que el jugador, tal un dios de la guerra demanda, hace maniobrar, triunfar, caer vencidos, o abandonar la lucha a su gusto y sin riesgo alguno.

—*Los juegos de damas, ajedrez*, etcétera, todavía más pacíficos.

—*El juego de bolos.*

—*Ciertos juegos de pelota*, donde se considera muerto, al jugador tocado.

4. *Un juego moderno:* la mayor parte de los juegos de ataque y lucha de los que acabamos de hablar saca su origen y forma de la noche de los tiempos. La tremenda transformación mecánica del mundo no parece haberlos influido.

Hay, por el contrario, un juego contemporáneo de vida: el *juego de policías y ladrones*, a menudo sólo una variante del juego ordinario de persecución y escondite con ataduras, simulacro de aporreamiento, evasión y fuga. Este juego se pliega maravillosamente a todas las tendencias, ya que puede no suponer más que un solo gendarme (con los pequeños), para elevarse hasta la organización verdadera de un juego de la guerra, con campos, disciplina, espíritu de equipo, etc.

5. *El deporte moderno:* muchos de los modernos juegos de equipo no son más que variantes del juego de la guerra y se hallan destinados a satisfacer las mismas tendencias de la infancia y la juventud: fútbol, rugby, etcétera.

Por último, estudia los juegos de transmitir la vida para asegurar la perpetuación de la especie, como por ejemplo.

1. *La constitucion del grupo papá mamá* ha producido el juego de papá y mamá tan familiar a los niños. La madre se queda en casa y prepara la comida; el papá se va a trabajar al campo, a guardar los animales o a conducir los caballos o el camión. Este juego puede jugarse sin hijos, pero los supone la mayor parte del tiempo y participa entonces de la serie siguiente:

2. *El nacimiento, los cuidados y la educación de los hijos*, especial de las pequeñas, ha dado origen a todos los juegos centrados alrededor de las muñecas.

a) Con la transposición del misterio del nacimiento, tal como intuitivamente lo concibe el niño;

b) Las preocupaciones de la primera infancia; el bebé en la cuna; el biberón, los paseos y luego la vida en familia; *la comidita*, las labores domésticas y las recepciones ocupan un lugar preponderante en esta categoría de juego.

c) Los matrimonios, que se celebran por lo general con gran pompa: corona, gran cauda y cortejo.

d) Las enfermedades de las muñecas.

e) Los entierros con sochantres, curas, flores, desesperación y lágrimas, cruz y ofrendas florales sobre las tumbas.

f) Los juegos, en fin, imitados de la escuela, con maestro o maestra, lección que recitar, castigos y hasta golpes.

3. *Crianza y domesticación de animales*, con los cuidados a las bestias a las que hay que hacer nacer y luego amansar, domesticar, guiar y someter. El chico se apasiona tanto con esto como la niña con su muñeca y el paralelismo notable de ambas actividades lo explica. El niño es capaz de pasarse largas horas en compañía de esos animales imaginarios que hace actuar, trabajar y gritar, como por ejemplo con el palo de escoba en relación al caballo, igual que hace el adulto. Cuando el niño puede ocuparse de sus animales y sus insectos, lo hace tan seriamente como los adultos. Para concluir con juegos que imita la vida de los adultos y que tienen un gran valor para los niños, realizar todas las actividades cotidianas que ve hacer a sus mayores. En razón de todos estos ejemplos, Freinet entiende que la alegría del trabajo es esencialmente vital, y más vital que el juego; considera que si se le ofrece al niño actividades que les interesen profundamente, que los entusiasme y movilice enteramente, ese es el camino de la verdadera educación, esta es la razón de llamar a tales juegos: JUEGOS-TRABAJOS, a fin de marcar sus relaciones y fundamentos con la actividad adulta denominada trabajo. Freinet va a definir que: "EL JUEGO-TRABAJO no sería, pues, más que un paliativo instintivo a la impotencia en que el niño se encuentra para satisfacer una necesidad imperativa. A falta de un trabajo verdadero, del TRABAJO-JUEGO, el niño organiza un JUEGO-TRABAJO que tiene todas las características del segundo, con algo menos, sin embargo, de esa espiritualidad superior que se deriva del sentimiento de la utilidad social del trabajo, que eleva al individuo a la dignidad de su eminente condición."[6]

[6] Freinet, C. ob. cit. pp. 168-169

Capítulo III

Encuadre del método de trabajo: el juego educativo y el juego libre

El enfoque metodológico de los juegos

Tanto los objetivos educativos como las actividades para lograrlos a través de los juegos, deben poner en movimiento en su acción formativa todas las fuerzas potenciales de la niñez en la maduración de su personalidad; por ello, es indispensable que los objetivos sean amplios y que las actividades de los juegos sean ricas y variadas, en cuanto que los niños tienen necesidad de gozar de las situaciones y problemas del movimiento en una gran variedad de direcciones. La enseñanza tiene que despertar el interés y la captación del deseo de perfeccionar la calidad del movimiento por parte del niño. El sentimiento de goce y la posibilidad de auto-expresión que los educandos encuentran en el juego educativo, en el movimiento y que luego transfieren a los juegos libres, con frecuencia tienen relación directa con el grado de destreza adquirido. Por medio de la ejercitación, se logra el dominio de los movimientos y esta seguridad permite al niño moverse con libertad y gozar en los diferentes juegos, del dominio de su cuerpo en la acción. El logro obtenido es una integración entre la experiencia física y la experiencia y vivencia psicológica. Los diferentes juegos que proponemos tienden a colaborar con la integración de la personalidad y lograr una correcta autoafirmación, socialización, desarrollo intelectual, equilibrio emocional, desarrollo de valores éticos, acrecentamiento de la salud, y a favorecer el desarrollo normal en las diferentes edades, satisfacer la necesidad de movimiento y juego.

El enfoque de nuestro método de trabajo juego y psicomotricidad, está compuesto por ambas actividades a la vez y responde a las múltiples exigencias de una educación activa, que privilegia la experiencia vivida por el niño dentro de sus auténticos intereses y en un marco que toma en consideración su espontaneidad, su libertad, sus posibilidades de autoafirmación y que lo prepara para la actividad social.

Pensamos que esta metodología tiene la ventaja de satisfacer los principales requerimientos individuales del niño y que a su vez, cumple con los fines sociales que desean lograr las instituciones educativas.

En relación al principio, de que las actividades y los contenidos educativos deben adecuarse a las etapas evolutivas, los juegos psicomotrices están adaptados a las siguientes edades: maternal de los tres a los cuatro años; preescolar de cuatro a seis años.

En lo que respecta a la clasificación psicomotriz de los juegos es importante considerar que por ser estos últimos una actividad total y muy amplia, no se pueden reducir a cumplir con un objetivo. En general, siempre se abordan con los juegos múltipes objetivos, es por eso, que se los puede clasificar de muy diversas formas, como por ejemplo, por el tipo de organización; por la cualidad física que opera; por las formas jugadas que implica o como en este caso, por la cualidad psicomotriz.

Por lo que, hay que considerar que todo juego, por lo común, es la expresión de varios aspectos psicomotrices, y por lo tanto, puede compartir total o parcialmente diferentes cualidades generales o particulares psicomotrices, que , en ciertos casos son muy difíciles de clasificar. Ante este problema, los juegos que presentamos, se clasificaron por su actividad psicomotriz más acentuada o porque el enfoque didáctico puede privilegiar esos aspectos psicomotores. La experiencia y el tiempo permitirán lograr resultados más precisos, importa considerar, que siempre para el logro de un objetivo psicomotriz, es necesario abordarlo con diferentes juegos y en un periodo dado de tiempo, que depende de los niños, y de las posibilidades de horario y de los materiales con que se cuente.

Los juegos que se presentan tienen la finalidad de orientar y aportar algunas ideas a los educadores, de forma que puedan adaptarlos a sus propias necesidades didácticas y a la vez, generar e inventar otros juegos psicomotrices acordes con su grupo y las posibilidades escolares.

Nuestro programa parte de dos formas de juegos fundamentales: los juegos libres y los juegos educativos psicomotrices.

Entendemos por "juego libre" aquel que los niños realizan espontánea y libremente, y en el que no existe intervención del adulto. La acción del educador en este caso, debe consistir en posibilitar las condiciones de tiempo, espacio y material (patio de juego con aparatos, materiales: arena, agua, barro, etc. y elementos: cubos, pelotas, bastones, bolsitas, papel, lápices de colores, etc.), para que los niños puedan realizarlos. Los juegos libres tienen un gran valor educativo, puesto que permiten al niño cumplir con la necesidad de aprender a conocerse y descubrirse al actuar libremente, adquirir el control de sus movimientos y probarse; actividades que le permiten desarrollar su inteligencia y ampliar sus conocimientos del entorno. Estos juegos liberan y canalizan el potencial psíquico y la energía física, y permiten brindar y lograr una amplia gama de experiencias. En razón de ser libres no los programamos ni los incluimos en nuestro desarrollo, cada educador de acuerdo a su grupo debe ir encontrando e incorporando estos juegos, en el momento y el tiempo adecuados.

En todo plan de trabajo educativo los juegos libres deben estar coordinados con los juegos educativos psicomotrices que buscan alcanzar objetivos sistemáticos, a la vez que brindan y amplían el repertorio de juegos infantiles.

El encuadre del trabajo metodológico del juego que consideramos es:

— *Todo juego es conducta*

Por lo tanto, actúan siempre tres áreas: el área del cuerpo, el área de la mente y el área del mundo externo, de acuerdo con los trabajos de Pichón Riviére, la conducta siempre implica manifestaciones coexistentes en las tres áreas, aunque de acuerdo al tipo de conducta predomina un área; por lo que, toda modificación en un área produce una modificación en las otras dos. De acuerdo con Lagache, la conducta es: "El conjunto de operaciones (fisiológicas, motrices, verbales y mentales) por las cuales un organismo en situación, reduce las tensiones que lo motivan y realiza sus posibilidades".[1] Es así como todo juego es conducta y como tal, expresión de la personalidad del niño.

— *Todo juego es aprendizaje*

Por medio de la acción del juego, el niño conoce y descubre los objetos del mundo externo, este aprendizaje compromete todos los aspectos de su personalidad porque se descubre y toma conciencia de sí mismo; conoce y acepta a los otros; y cognoscitivamente organiza las percepciones y las relaciones de los objetos. Por lo que, al asimilar los objetos modifica su conducta anterior y así transfiere su propia síntesis objetal a nuevas situaciones vitales.

1 Pichón Riviére, E. *Teoría del vínculo.* Ed. Nueva Visión, Buenos Aires 1979. p. 47.

El juego es un proceso de comunicación del niño con distintas relaciones objetales

El niño, de acuerdo a su fantasía y a su propia realidad, al jugar se comunica con los diferentes objetos y personas, en esa interrelación, y con las respuestas que recibe, las va integrando a sus vínculos y a su conducta de juego. "El vínculo es siempre un vínculo social, aunque sea con una persona; a través de la relación con esa persona se repite una historia de vínculos determinados en un tiempo y en espacios determinados. Por ello el vínculo se relaciona posteriormente con la noción de rol, de status y de comunicación".[2]

El juego del niño con objetos permite el tránsito de lo sensorio motriz a lo lógico concreto

El niño por medio de los juegos sensomotores va incorporando y operando mentalmente, por lo tanto los progresos del conocimiento están íntimamente asociados al progreso del sistema motor. El comportamiento sensomotriz de los primeros años de vida es el punto de partida para la formación del conocimiento, Piaget demostró que las relaciones entre los actos reales y los mentales son más íntimas de lo que se piensa; las operaciones mentales son formas interiorizadas de las operaciones concretas. Por lo que, por medio del juego ejercicio y después el juego simbólico, el niño va camino hacia la formación de las categorías conceptuales y sus relaciones lógicas.

Por medio del juego el niño estructura su esquema corporal y desarrolla e integra las nociones espaciotemporales

Por medio del juego, el niño conoce su cuerpo y el de los otros, y va constituyendo su "imagen corporal". Como correctamente señala F. Dolto: "...el esquema corporal, que es abstracción de una vivencia del cuerpo en las tres dimensiones de la realidad, se estructura mediante el aprendizaje y la experiencia, mientras que la imagen del cuerpo se estructura mediante la comunicación entre sujetos y la huella, día tras día memorizada, del gozar frustrado, coartado o prohibido (castración, en el sentido psicoanálitico, del deseo en la realidad)..." Para decirlo con otras palabras: el esquema corporal refiere al cuerpo actual en el espacio a la experiencia inmediata. Puede ser independiente del lenguaje, entendido como historia relacional del sujeto con los otros. El esquema corporal es inconsciente, preconsciente y consciente. El esquema corporal es evolutivo en el

2 Lagache, citado por Bleger, J. en *Psicología de la conducta*, p. 23.

tiempo y en el espacio. La imagen del cuerpo refiere al sujeto del deseo a su gozar, mediatizado por el lenguaje memorizado de la comunicación entre sujetos".[3]

Por lo que el niño, al tomar conciencia de la estructura corporal y de sus partes, también lo hace de su uso y ubicación tempo-espacial. Estos conceptos los desarrollamos posteriormente de modo más profundo.

Por medio del juego, el niño elabora conflictos psicológicos básicos. Como ya lo demostraron muchas investigaciones psicoanáliticas y en particular las desarrolladas por Anna Freud y M. Klein, el niño por medio del juego elabora sus conflictos básicos y ansiedades y logra canalizar las pulsiones sexuales por medio de los diferentes mecanismos de defensa. En la etapa maternal y preescolar, el niño tiene que elaborar la separación de su núcleo familiar, a la vez, que en estos momentos del desarrollo, se actualiza el conflicto edípico.

El niño pasa del ámbito reducido de su familia a las múltiples relaciones del mundo institucional escolar, por medio del juego, repite todas estas situaciones vinculares nuevas, elaborando separaciones, pérdidas de esa realidad familiar, a otra realidad nueva que deja de ser familiar.

En lo que respecta al conflicto edípico, el juego permite asimilar las características esenciales de la maternidad y paternidad, actualizándose el interjuego dinámico de las pulsiones de amor, odio, agresión, culpa, etc. Por medio de la interiorización de las identificaciones progresivas de los roles masculinos y femeninos, el niño incorpora los patrones integrados de la sexualidad a través del juego. Por lo que, también:

El juego es la actividad esencial que posibilita al niño su socialización y la incorporación de su identidad social

Socialización en cuanto proceso de incorporación de roles, status, normas, pautas, costumbres, creencias, etc., de su estructura social a la que pertenece. El lenguaje es el vehículo privilegiado de esta asimilación y acomodación. Por medio del juego, el niño realiza sucesivas identificaciones con la realidad, que le permiten incorporar un núcleo de identidades que habrán de estructurar posteriormente, su

3 Dolto, francoise: *La imagen inconsciente del cuerpo* Ed. Paidós, Buenos Aires 1986. p. 22.

propia identidad. Por lo que, los factores específicos de su personalidad en relación con su sociedad y su cultura, estructuran su propia identidad, en cuanto a la imagen que cada uno tiene de sí y a la forma de usarla.

Por medio del juego, podemos apoyar y favorecer el proceso de socialización, generando en el grupo de niños el sentimiento de solidaridad, de ayuda mutua y de integración cooperativa.

Por medio de los juegos se pueden lograr los aprestamientos para la lecto-escritura y las matemáticas

Los diferentes juegos psicomotrices educativos favorecen los procesos de maduración esenciales para el aprendizaje de las disciplinas escolares como el dominio del esquema corporal y la formación de los esquemas de organización espacio-temporales y el dominio del espacio gráfico; favorecer, enriquecer y si es necesario corregir, las formas lingüísticas; desarrollar la coordinación visomotora y la motricidad general, como orientar la lateralidad y afirmarla.

Por último, por medio del juego se logra un punto esencial para el logro de los procesos de aprendizaje escolar que consiste en alcanzar, por parte del niño, la adaptación socio-emocional al ambiente escolar. Esto es quizá la posibilidad de que el niño pueda lograr correctos aprendizajes integrales y vivenciar la escuela como un espacio para el desarrollo; o bien que sea marginado por el medio escolar y se conforme con esto una impronta para toda su vida.

En el cuadro de la página siguiente se ejemplifica la relación entre educación psicomotriz y desarrollo intelectual:

Orientación didáctica de los juegos

Didácticamente resulta muy útil contar con algunas normas y principios organizativos para la enseñanza de los juegos, a fin de aprovechar este importante medio para la formación de la infancia:

a) Realizar una planificación anual general, evaluando los siguientes aspectos:

1. El grupo de niños con quien se trabajará.
2. Las instalaciones y material disponibles.
3. Número de clases en ciclo lectivo —del área correspondiente—
4. Duración de las clases.

Educación lúdica y desarrollo intelectual

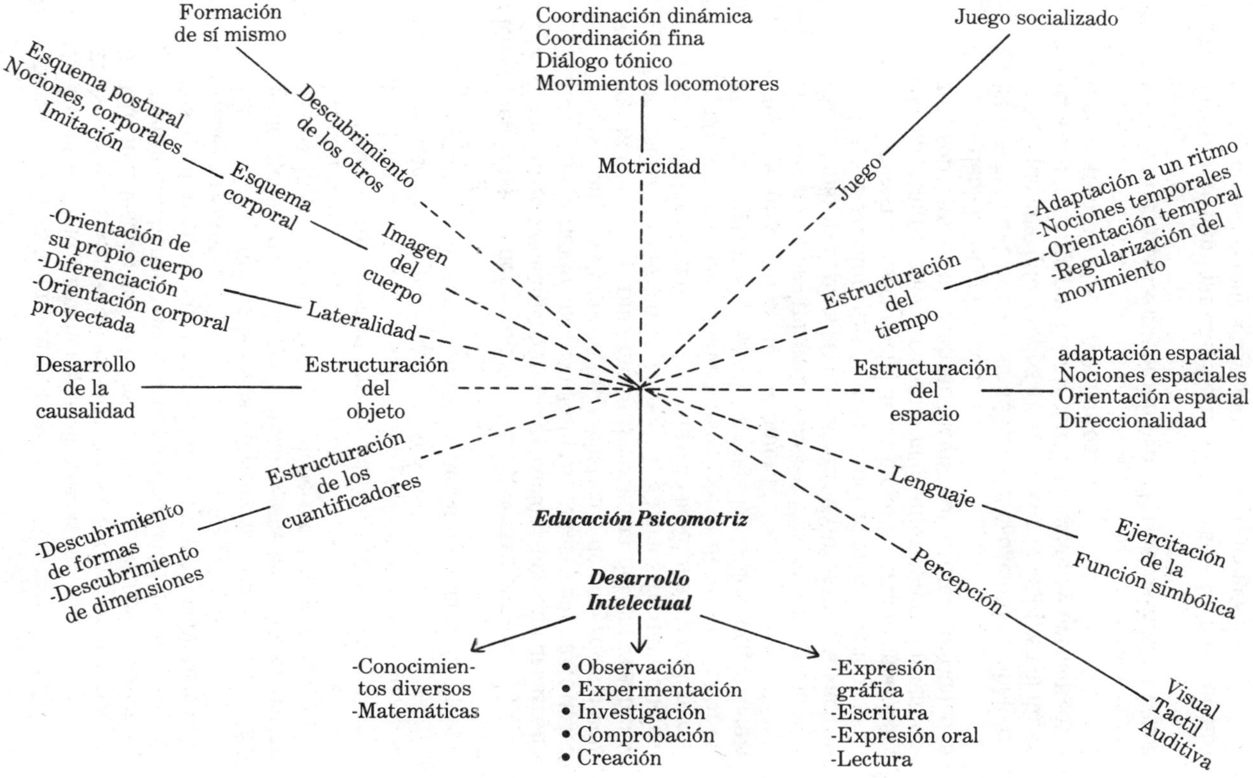

b) Preparar las clases tomando en cuenta:

1. Epoca del año y condiciones climáticas.
2. Necesidades e intereses de los niños que componen el grupo.
3. Que la selección de los juegos activos se realice tomando en cuenta que deben permitir la participación del conjunto de los alumnos; que no haya exclusiones y que posibilite la actividad constante.
4. La enseñanza debe adecuarse al ritmo natural de aprendizaje del grupo; dando la posibilidad de que los niños disfruten de los juegos. El maestro no debe mostrarse ansioso por brindar contenidos.
5. Es importante tener un criterio amplio en la realización de lo programado, manteniendo como parámetros constantes, la adecuación al niño y a la realidad.
6. Programar en qué momentos se desarrollará el "juego libre."

c) En el juego en sí, tener en cuenta los siguientes puntos:

1. Todo juego tiene un inicio y explicación, luego un desarrollo que va generando una gran euforia e interés por parte de los niños, con una duración muy elástica —de acuerdo a diversos factores—; y finalmente decadencia del entusiasmo y necesidad de cambio de actividad. El maestro tiene que estar muy atento a que no se caiga en la última etapa y por el contrario, que los niños se queden con el deseo de repetir en otros momentos el juego. Una vieja ley de los juegos dice: "mate al juego antes de que muera".
2. Aprovechar la organización, la distribución del grupo y el uso del material, para la realización de varios juegos o actividades. De esta forma se evitarán pérdidas de tiempo.
3. En el desarrollo secuencial de los juegos en una misma clase, es importante tener en cuenta la dosificación de los esfuerzos; sobre todo, no realizar juegos sofocantes continuados sin la debida recuperación.
4. El maestro debe ubicarse dentro del espacio de trabajo de modo que abarque a todos los niños con la vista, en el lugar más conveniente para controlar la situación, y permanentemente atento a sus movimientos.
5. Debe estimular a todos los alumnos, pero fundamentalmente a los más tímidos, a los que se inhiben, a los menos diestros y a los perdedores.
6. Tratará de eliminar al máximo la espera de turnos o el momento de intervenir activamente en los juegos.

7. Preparar el material necesario con anticipación para que no haya interrupciones y la clase tenga agilidad.
8. Mostrar prácticamente lo que se quiere enseñar y dar explicaciones atractivas y sintéticas. No valerse siempre de los mismos alumnos para las demostraciones prácticas.
9. Aclarar antes de comenzar el juego cuáles serán las normas o reglas a seguir, y no permitir que sean transgredidas.
10. Al final de la clase es conveniente introducir juegos calmantes que predispongan a los niños para las tareas que realizarán después en el aula.

La adquisición de las nociones fundamentales y el aprendizaje por el juego

Karl Gross, un estudioso del juego infantil comprendía este concepto como: "...La más pura expresión de la experiencia motora". Las distintas corrientes psicomotoras entienden por motricidad, esencialmente, a la capacidad de generar movimientos y todas las formas de movimiento son producto de la contracción muscular que se manifiesta por los desplazamientos del cuerpo y sus segmentos, a la vez, que por la actitud y el mantenimiento del equilibrio.

Todas las características y formas del movimiento humano, lo mismo, que cuando está ausente, como en los casos en que el cuerpo permanece estático o en los momentos de relajación, se elaboran sobre la base de la regulación tónica.

Podemos considerar que hay dos grandes tipos de movimientos, los que son reflejos, innatos o adquiridos, en los que interviene o interviene muy poco la voluntad del sujeto; y los movimientos activos, que exigen la voluntad y el control del sujeto; en estos hay un proyecto motor, exige una intencionalidad, que al desarrollarse un acto, produce la integración del psiquismo y el intelecto, "gnosias", con los esquemas motrices con que cuenta el sujeto o estructuras tónicomotrices, "froxias", conformándose una acción o un gesto. Estos gestos permiten comunicarse, expresar las emociones o apoyar las estructuras del lenguaje.

Por lo que, el movimiento y el "diálogo tónico" cumplen un papel esencial, tanto en la vida afectiva como en la vida social.

En toda acción motriz operan complejos factores neurofisiológicos y emocionales, que imposibilitan disociar lo psicomotriz. Es sabido que Piaget, por medio de sus investigaciones llegó a la conclusión de que el desarrollo cognoscitivo procede del comportamiento sensoriomotor inicial del niño.

La motricidad general, la podemos subdividir en:

a) Los grandes movimientos corporales o movimientos gruesos en los que opera la totalidad del cuerpo, el movimiento pone en acción las grandes masas musculares, es también el caso de los movimientos locomotores como: caminar o correr; gatear, trepar etc.

b) La coordinación motriz dinámica: es la posibilidad y la capacidad de sincronizar los movimientos de diferentes partes del cuerpo, por separado en tiempo, espacio y esfuerzo. Los índices de esta cualidad están dados por la rapidez, la exactitud y economía de los ejercicios.

Permite el aprendizaje y dominio de los movimientos y acciones más difíciles; a su vez, su desarrollo se produce con los cambios de las dificultades y situaciones diferentes. Para los niños de la etapa preescolar, puede consistir en saltar, salticar, galopar, vuelta adelante o rodar de costado, potrillo, etc.

c) La coordinación motriz fina: esta coordinación se apoya en la coordinación sensoriomotriz, que consiste en movimientos amplios que pueden ser de distintos segmentos corporales, como la pierna y el pie o el brazo y la mano, son controlados por la coordinación de la vista.

En ciertas situaciones la visión y el movimiento del cuerpo se tienen que ajustar constantemente a un objeto, como por ejemplo, al *driblear* o rebotar una pelota con las dos manos o con una, etc. La coordinación motriz fina que tiene como fondo la coordinación visomotriz, consiste en un movimiento de mayor precisión, como por ejemplo, asir y manipular un objeto con la mano o solamente con algunos dedos, utilizar en ciertas manipulaciones de objetos la pinza formada por el pulgar y el índice, enhebrar cuentas de collar, escribir con un lápiz, etc.

d) La disociación de movimientos: cuando las acciones son más complejas normalmente exigen una acción distinta entre los diferentes segmentos corporales, esto puede consistir en mover voluntariamente uno o más segmentos en tanto se inmovilizan otros o realizar movimientos diferentes, por ejemplo, aplaudir y a la vez golpear con el pie derecho el suelo, o golpear sentado ante una mesa con la mano derecha y a la vez, golpear el suelo con el pie izquierdo etc.

e) Desarrollo del equilibrio: Esta capacidad motriz consiste en la integración de las informaciones coordinadas por el cerebelo de la sensibilidad profunda suministrada por los propioceptores; de la visión y del vestíbulo, que es un órgano del equilibrio que se halla a nivel del oído interno.

La destreza motriz se puede desarrollar sólo cuando existe un nivel de logro del equilibrio. La posibilidad de mantener posturas y adoptar posiciones y actitudes se logra gracias al sentido de equilibrio. Hay equilibrio dinámico, como por ejemplo, la marcha sobre una línea que se le pide a los niños de preescolar o equilibrio estático, como por ejemplo, quedarse parado sobre un solo pie. Los progresos del equilibrio en la etapa maternal y preescolar son sorprendentes, al poco tiempo de aprender a caminar, los niños comienzan a modificar la manera de moverse verticalmente, alrededor de los dos años, ya saltan impulsándose con los dos pies; hacia los tres años y medio, los niños ya pueden dar de uno a tres saltos sobre un pie, y a los cinco años, ya cuentan con el equilibrio y la fuerza como para saltar con un solo pie una cierta distancia.

La percepción sensoriomotriz

El sistema nervioso y en especial la corteza cerebral, reciben simultáneamente un inmenso número de mensajes procedentes de las terminaciones nerviosas periféricas por medio de los órganos de los sentidos, que reciben los estímulos del medio, permitiendo distinguir los objetos, así como responder a ellos impartiendo órdenes o respuestas motrices. El cerebro constituye el órgano de adaptación al medio que se organiza a través de la actividad nerviosa inferior, y en la acción de los analizadores sensoriales y los efectos motrices.

La actividad sensomotora cumple un papel capital en los aprendizajes y en la adaptación sensitivo-motora, con la vista, el tacto, el oído y los demás sentidos que vienen a completar las asociaciones intersensoriales y que integra el movimiento. Los juegos motrices que operan con el sentido del tacto, contribuyen para dar agilidad al mismo y especialmente, para la ejercitación de los dedos pequeños, que son torpes, entre los 3 y 4 años de edad.

La etapa maternal y preescolar resulta fundamental para la formación del niño, y por medio de juegos que permiten educar los sentidos los maestros pueden colaborar al desarrollo del psiquismo infantil.

Por medio de juegos que utilizan diferentes clases de manipulación individual o en grupos, y que les permitan realizar clasificaciones por materias, formar parejas, reconocer los objetos al tacto y manipularlos con los ojos cerrados.

Juegos auditivos: resultan muy necesarios porque van mejorando y afinando el oído en los niños, que por lo común son muy ruidosos y hablan muy alto, gritan para hablar; educativamente resulta importante los consejos de M. Montessori de que "el maestro debe hablar en voz baja y suave, lo que se expresó en la lección del silencio;

también resulta una gran ayuda la conducción de la sesión de juegos con las consignas sonoras y desde luego los juegos rítmicos.

Los juegos de percepción sensoriomotriz, que educan el gusto y el olfato, se pueden realizar jugando a las comiditas, en donde el niño participa con verdadero agrado, y puede apreciar los sabores y clasificar los alimentos en ácidos, picantes, dulces, amargos, etc. También se pueden apreciar los olores como el café, el té, los perfumes y las flores, los juegos en que opera el sentido de la vista podemos decir que son casi la mayoría, pero es importante incorporar colores, formas, tamaños, etc.

Evolución del esquema corporal

En cada individuo hay un sentimiento de "YO" que permanece invariable a través de su historia, aunque los elementos de su persona cambien o se modifiquen por la incorporación de nuevos contenidos.

El sentimiento del "yo", que se apoya en el esquema corporal, es lo que le permite al individuo recortarse del medio como singularidad.

En general se entiende por esquema corporal aquella representación mental que tenemos de nuestro propio cuerpo. Esta imagen se integra con impresiones: interoceptivas, propioceptivas y exteroceptivas. Es decir con informaciones de las vísceras, de la posición corporal (músculos, tendones, ligamentos y articulaciones), kinestésicas y percepciones de la sensibilidad de nuestra piel (táctil, dolor, presión, térmica, etc.).

Por lo que, para movernos necesitamos conocer nuestro propio cuerpo, y esto produce un juego dialéctico: al movernos adquirimos la imagen de nuestro cuerpo (acompañado el movimiento por los sentidos, en especial por la visión), y en la medida que integramos la imagen corporal nos movemos mejor.

Wallon sostiene: "Un elemento de base indispensable para la construcción por el niño de su personalidad, lo constituye la representación más o menos global, más o menos específica y diferenciada que tiene de su propio cuerpo".

El niño, al nacer, no tiene noción de la diferencia entre él y su medio, vive en su sincretismo total. Los avances de la psicología infantil han permitido llegar a estas conclusiones y poder así investigar la estructuración de la imagen corporal en la "formación de la personalidad", y sus consecuencias en el campo educacional como una apertura al trabajo operativo.

El niño comienza por ser parte de su medio y sus necesidades biológicas están en manos de la madre, ésta forma un todo con el niño. Las primeras situaciones afectivas de agrado o desagrado, comenzarán a producir la diferenciación. El niño expulsará todo lo que le produce desagrado o dolor, tratará de incorporar lo agradable. Estas dos funciones de asimilación y expulsión, formarán dos realidades psicológicas, el mundo interno y el mundo externo.

A medida que el primitivo estado simbólico madre-niño comienza a romperse, se establecen nuevas relaciones, y el niño empieza a reencontrarse. En un principio no es más que un simple desdoblamiento. El niño comienza por reflejarse en el otro ser como un espejo. Solamente cuando llega a tener con respecto al "otro" una actitud igual a la que tiene hacia sí mismo, es que comienza a tomar conciencia de sí, como persona.

Es por eso que los factores ópticos y kinestésicos tendrán una importancia esencial, no sólo para la construcción del propio esquema corporal, sino también para la construcción de la imagen corporal de los demás.

Este modelo postural del cuerpo se halla en perpetua autoconstrucción interna y varía constantemente.

Head dice: "Construimos constantemente un modelo postural de nosotros mismos mediante perpetuas alteraciones de la posición del cuerpo".

El esquema no es estático, es dinámico y se construye toda la vida. Todo aquello que participa del movimiento consciente de nuestro cuerpo", se "suma al modelo de nosotros mismos y pasa a formar parte de nuestro esquema". (Head)

Dos factores fundamentales para otros autores son el dolor y el contradolor de nuestros miembros.

Preyer destacó sobre todo el papel del dolor; éste nos pertenece de una manera especial. El dolor nos ayuda a decidir qué es lo que queremos tener más cerca de nuestra personalidad, de nuestro yo, y qué queremos alejar; por otro lado, cada sensación contribuye a la construcción del esquema corporal y toda sensación tiene en sí misma una respuesta motriz.

Es por esto, que no conocemos nuestro cuerpo a menos que nos movamos. El movimiento es un gran factor unificador entre las distintas partes del cuerpo. Por él adquirimos una relación definida con el mundo exterior. El conocimiento de nuestro cuerpo y del mundo exterior depende de nuestra acción, y ésta acción está dirigida por la percepción. La percepción y la respuesta motriz o movimiento, son la síntesis de una unidad que es la conducta del niño.

Lateralidad

En las investigaciones realizadas en los últimos años, se ha valorizado la concepción de la dominancia cerebral por la ciencia neurológica.

Por ejemplo, el Dr. Currier en un texto sobre la Semiología médica, (1968), informa que en toda persona...."es usualmente conveniente presumir que el hemisferio cerebral izquierdo es el dominante (alrededor del 98% de personas incluyendo por lo menos la mitad de los que son zurdos, tienen dominancia del hemisferio izquierdo)." Por lo que, se comienza a diferenciar la "dominancia lingüistica" y la "dominancia motora", en razón, de que no siempre el hemisferio dominante para el lenguaje es el hemisferio dominante para la lateralidad motora corporal.

En los niños pequeños no hay dominancia cerebral y recién posteriormente uno de sus hemisferios comienza a contar con un valor simbólico. Esto permite el desarrollo del lenguaje y la progresiva maduración cerebral estructura una notoria lateralidad corporal y un acelerado progreso de las habilidades motrices del otro lado corporal. Importa destacar que la lateralidad corporal está dada por diferentes estructuras además de un hemisferio cerebral, interviene los vestíbulos, la sustancia reticulada, el cerebelo y los reflejos monosinápticos de Sherrinton y el de Laporte y Lloyd, todo bajo la influencia del medio ambiente puede influir de tal forma sobre un lado que no es el prevalente y puede generar lo que se denomina lateralidad cruzada, hay prevalencia de un lado y preferencia del otro.

Por lo que de acuerdo al desarrollo sensomotor y los diferentes factores que intervienen, en los sujetos hay una serie de predominancias sobre un lado, fundamentalmente, respecto a las manos, a los pies y a los ojos.

Los juegos de lateralidad operan sobre el eje corporal, en las nociones derecha e izquierda y todo lo que implica orientación del propio cuerpo, así como, la orientación proyectada de la lateralidad en otra persona u objeto. Para la mayoría de los autores es difícil hablar de una lateralización manifiesta antes de los cuatro años de edad, y carece de sentido todo intento de definir la lateralidad de un niño antes de los cinco años. Zarco considera que a partir de los cinco o seis años pueden ponerse de manifiesto algún predominio. Esta es la razón que los juegos de lateralidad recién los comenzamos a incluir y a operar a los cuatro años, juegos como por ejemplo, ponerse adelante, atrás, imitar como se lavan, se visten y se peinan, o jugar a tocar la mano derecha del compañerito, etc.

Estructuración del espacio

Para una gran mayoría de los científicos dedicados a la investigación psicológica, la adaptación del niño al medio ambiente de la realidad social y cultural depende ante todo de la estructuración del tiempo y del espacio.

La percepción de los seres humanos de la realidad es una percepción espacial, cuyo punto de referencia es su propio cuerpo. El desarrollo de la concepción del espacio pasa por varias etapas, Piaget, con sus investigaciones demostró que lo esencial de las relaciones espaciales en el niño, se elabora en el estadio sensomotor, desde el nacimiento hasta los 18 meses. Hasta recién cumplidos los cuatro años, los niños sólo cuentan con una percepción del tiempo dividida en espacios visuales, espacios táctiles y espacios auditivos, que no se integran. Piaget denomina a esta característica espacio topológico vivido y sus referentes son los del propio cuerpo; apenas entre los tres y siete años se va a conformar el espacio representativo euclidiano, que va a permitir al niño el reconocimiento de las formas geométricas.

Los juegos que permiten captar las nociones espaciales, aquellas como saltar adelante o atrás de un objeto o de organización del espacio, como por ejemplo, la distancia entre dos objetos con cuantos pasos se cruza; los de orientación espacial, pueden ser juegos como, recorrer el mismo trayecto que realiza el compañero, o ir a un lugar en el interior de la escuela, etc.; los juegos de adaptación espacial, como pasar por debajo de un compañero, o entre dos sogas a diferentes alturas. Los juegos de espacio gráfico, son aquellos como dibujar dentro de un rectángulo o entre dos líneas, etc.

Estructuración del tiempo y el ritmo

Por medio del movimiento, el niño desarrolla la estructuración temporal, que es a la vez, duración, orden y sucesión. Kephart, en lo que se refiere a la estructura temporal, considera como procesos esenciales para el aprendizaje a la sincronía, el ritmo y la secuencia.

La comprensión de la sucesión está dada por aquello que sucede antes y después de un movimiento locomotor, etc.

La adaptación correcta de los sujetos al medio ambiente está condicionada por la estructuración espacio-temporal, en cuanto que le permite orientarse, moverse y cerciorarse en el espacio, a la vez, que dan secuencia a los movimientos, localizar las partes de su propio cuerpo y la de los "otros" y rituales en el espacio.

Por medio de los juegos rítmicos como los sonidos o la conducción rítmica de los movimientos, los niños adquieren la capacidad de adaptar el movimiento a un ritmo y pueden repetirlo. En los juegos en donde operan las consignas como correr rápido como un caballito o lento como una tortuga, se incorporan las nociones temporales; la capacidad de actuar antes y después de un movimiento como por ejemplo lanzar rodando la pelota; correr más rápido; saltarla y tomarla, proporcionan la orientación temporal.

Aprendizaje escolar y juegos

Por medio de la educación del movimiento, el niño puede ir elaborando y favoreciendo el desarrollo de su esquema corporal y de organización perceptiva, así como su restructuración espacio-temporal, nociones indispensables para la conformación de la personalidad infantil y para el conocimiento y reconocimiento "del otro".

Para Piaget es necesario distinguir dos aspectos en lo que respecta al desarrollo intelectual del niño:

— El aspecto psicológico o desarrollo de las estructuras y esquemas de asimilación y lo que el niño aprende por sí mismo, que es el desarrollo de las estructuras cognoscitivas por sí mismas.

— El aspecto psicosocial, todo lo que el niño aprende por medio de la familia, el grupo de fases, la escuela y la sociedad y la cultura que lo rodea.

Por lo que la educación psicomotriz opera sobre la personalidad del niño de la etapa maternal y preescolar, y podemos graficar de la siguiente manera:

Educación psicomotriz
- Aspecto biológico
  - Desarrollo biológico del niño
  - Cuidado de la salud
  - Formación corporal
  - Educación del movimiento
- Aspecto psicosocial
  - Desarrollo emocional y afectivo
  - Desarrollo intelectual
  - Desarrollo social y comunicacional
  - Desarrollo de la sensibilidad y expresión estética
  - Desarrollo de las capacidades imaginativas y creativas

Por último, consideramos que el ciclo preescolar resulta fundamental para desarrollar el periodo preparatorio del aprendizaje de la lecto-escritura inicial y el aprestamiento para las matemáticas.

Resulta esencial la adaptación afectiva del niño al ambiente de la escuela preescolar.

Para ello es necesario que las educadoras de la escuela preescolar adopten los siguientes principios:

- Se acepte la personalidad del niño tal como es
- Se le brinde afecto y cariño
- Se estimule y motive las actividades que realiza
- Se desarrolle todo tipo de actividades expresivas y de comunicación grupal
- Desarrollo de todo tipo de juegos psicomotrices y educar en el respeto mutuo.

Evolución del grafismo

A los dos años aparecen los primeros trazos en forma de actividad motriz sin intención figurativa.

A partir de los tres años aparecen los primeros monigotes con forma de renacuajo y comienza una intencionalidad figurativa.

Al final del cuarto año dibuja el monigote con forma de renacuajo, en relación al cuerpo que constituye el referente básico, no cuenta todavía con la estructuración de la orientación espacio temporal.

A los cinco años realiza un monigote típico y siempre simulado con las vivencias subjetivas internas.

A los seis años puede copiar un cuadrado, sabe copiar un rombo. Entre los cinco y seis años, por la influencia del adulto, el niño dibuja.

Es muy importante que constantemente se estimule al niño a dibujar y a jugar, de forma de estimular la actividad expresiva por el dibujo y la pintura.

Evolución del lenguaje

La mayoría de los investigadores coinciden en que la adquisición se realiza en dos fases, la prelingüística y la lingüística.

En la segunda fase, las primeras palabras aparecen por lo común entre el año y el año y medio.

Al principio, el niño usa las mismas palabras para muy diversas situaciones y por el contrario, palabras con muy diversos significados para una misma situación. La palabra y la acción están estrechamente integradas.

A los dos años el niño cuenta con alrededor de trescientas palabras y ya casi mil a los tres años. Pero, estas palabras expresan estados afectivos y actitudes, por eso se les denomina "palabra-frase", luego continúa con la etapa de la "prefrase" de dos y luego tres vocablos, en las que las palabras se ubican por importancia afectiva.

Los pequeños hablan consigo mismos y mientras realizan una actividad. Cuando juegan o están en grupo, operan con monólogos colectivos, por lo que no se están comunicando.

A los cinco años ya se utilizan diez palabras por frase y entre los cinco y los seis años cuenta con todas las estructuras de frases sencillas y los cambios usuales de su cultura.

Para Piaget, el niño pasa del lenguaje egocéntrico de la etapa preoperacional, al lenguaje social de la etapa de las operaciones concretas.

El lenguaje egocéntrico comprende tres fases: la primera de ellas, la *ecolalia*, cumple una función esencialmente lúdica, en la cual, el "otro", el interlocutor, no se encuentra presente; luego sigue el monólogo, consiste en lo que ya expresamos, la acción del niño se ve acompañada por el lenguaje; el niño habla a la vez que actúa. Las palabras no cuentan con valor comunicativo y por lo tanto, no poseen una función social.

Por último, nos encontramos con el monólogo colectivo, aquí el niño habla con el grupo de niños, habla ante los otros, pero no habla con los otros, habla en voz alta para sí, como si los otros no existieran. El lenguaje egocéntrico tiende a desaparecer completamente hacia los siete años de edad.

El lenguaje socializado, comprende varios momentos: la "información adaptada"; las "críticas y burlas"; "las órdenes, ruegos y amenazas" y finaliza con "las preguntas y respuestas", en razón de la edad en que se desarrollan, no los abordaremos ahora.

Con los niños de tres años se pueden realizar juegos lingüísticos que desarrollan la verbalización y permitan ejecutar pronunciación y audición; por ejemplo, conversar con la maestra y los compañeros sobre: experiencias vividas, relatos de hechos sobre la mamá, el papá, animales, actividades de la escuela, etc. Escuchar narraciones de cuentos, poesías y ver obras de títeres.

Con los niños de cuatro años, se les puede proponer narrar experiencias vividas, asistir al teatro y a los títeres, lo mismo que a ver películas infantiles y luego narrar con sus propias palabras lo visto, etc.

Con los niños de cinco años, escuchar, cantar, realizar paseos, películas y caricaturas de T.V., obras de teatro, etc. Observar imágenes con textos sencillos y revistas, luego narrarlas, etc.

Periodo preparatorio para la lecto-escritura y las matemáticas

Los juegos de aprestamiento para la lectura, la escritura y las matemáticas, tienen la finalidad de iniciar al niño en las actividades que lo conducirán al aprendizaje de estas disciplinas en el 1o. y 2o. grados; a la vez, que prepararlo para la adquisición de estas habilidades dentro de un marco afectivo, tanto a las situaciones escolares y grupales, como a estimularlo y motivarlo para su logro. Al crear un clima de confianza y seguridad afectiva que permitirá superar momentos de angustia y frustración que viven muchos niños por no realizar estos periodos de transición.

Estos juegos permiten en la lecto-escritura:

— Desarrollo del esquema corporal
— Estructuración del espacio gráfico
— Coordinación de los modelos visuales de la escritura con los patrones de pronunciación
— Formación de esquemas cognoscitivos
— Ampliación y desarrollo del lenguaje oral

Para las matemáticas, además de lo anterior, tenemos:

— Apoyar la construcción de operaciones lógicas de clasificación y seriación.
— Construir relaciones lógicas entre clases
— Incorporar acciones de suma, resta, repetición, igualación, etc.
— Apoyar el desarrollo de los principios de cuantificación de la realidad, como por ejemplo, conservación de cantidad, equivalencia y seriación ordinal.

Aprendizaje, atención y memoria

El niño, al no contar con ninguna relación directa con el mundo de la cultura y ser enfrentado bruscamente con toda esta situación escolar nueva, muchas veces reacciona rechazando toda esta realidad educativa; este rechazo a la escuela se interioriza afectivamente y con seguridad, el niño tendrá dificultades en el aprendizaje de las asignaturas escolares.

Por medio de los juegos de aprendizaje, atención y memoria, los educadores cuentan con un recurso esencial para que los niños puedan desarrollar un aprendizaje agradable y que a través del juego pueda incorporar afectivamente las situaciones nuevas que enfrenta de la adaptación escolar.

En la gran mayoría de las situaciones deficitarias del aprendizaje a nivel de la atención en lo que hace a la función de la memoria son producto de lo mal que se siente el niño en la escuela, y la desatención se debe a su falta de motivación y gusto por ésta.

Consideramos que el juego permite preparar el terreno para que el niño se integre afectivamente al mundo de la cultura y pueda desarrollar aprendizajes agradables; por lo que el juego constituye el eje del programa maternal y preescolar, y es una herramienta didáctica fundamental para el aprendizaje cognoscitivo. Por medio de juegos como los presentados se pueden desarrollar aprendizajes agradables, de actividades que puedan ser ordenadas, gradualmente y sistemáticas, acordes con las necesidades e intereses de los niños. El juego infantil resulta un instrumento de conocimiento y un efectivo elemento del desarrollo de las estructuras del pensamiento.

Socialización

El niño de tres años vive situado en sí mismo, egocéntrico, con la crisis del nacimiento de un hermanito, y al separarse de la familia e ir a una institución educativa, descubre que hay una realidad exterior e independiente de él y a la que tendrá que aceptar y entender para lograr sus fines.

Podemos decir que él, en razón de su necesidad de conocerse, conocer lo que lo rodea y comprender las relaciones que se producen entre él y el medio, su actividad personal lo absorbe y lo aísla totalmente de los demás; éstos no entran en su realidad y ocasionalmente, cuando se oponen a un deseo personal es cuando descubre su preferencia; en una segunda etapa, aprenderá que es necesario contar con los otros para cumplir con sus fines y poder desarrollarse; y en una tercera etapa, descubrirá que la cooperación con los otros, presupone una condición esencial y que tiene grandes consecuencias para su propio desarrollo. En todo esto el juego infantil resulta fundamental en el proceso de socialización y un regulador compensador de la afectividad.

A través del juego el niño interioriza y hace consciente los "roles" existentes, que le permiten comprender, para qué, con quién y cómo actuar socialmente.

El juego libre

Este tipo de juego es fundamental para la personalidad de los niños por cuanto permite que se puedan manifestar de acuerdo con su propia naturaleza y como bien dice Wallon, se convierte en "..,una exploración jubilosa y apasionada, tendiente a probar las funciones del niño en todas sus posibilidades". En estos juegos los niños deben jugar en relativa libertad y el adulto debe preparar las condiciones de tiempo y espacio para que se puedan cumplir libremente, a lo sumo orientar y apoyar, y su tarea principal debe ser la de observador. Es en estos juegos donde el niño muestra su personalidad tal como es y participa con todo su ser.

M. Klein expresa claramente todo lo que podemos conocer de la personalidad del niño: "Por medio del juego el niño expresa de manera simbólica sus fantasmas, sus deseos, las experiencias que vive".

Una de las tareas fundamentales que deben realizar los educadores consiste en diseñar y construir el "patio de juegos", que debe adecuarse a las características de los niños que lo han de utilizar. Dentro de esa adaptación y de acuerdo con los recursos con que se tienen, podemos decir que existe una enorme cantidad y variedad de elementos y aparatos que se pueden diseñar. Todo depende de la creatividad de los educadores su imaginación, su experiencia y de la recuperación de los juegos que realizan los propios niños. El patio de juegos es, básicamente un ámbito para las actividades espontáneas; el niño necesita libertad para jugar y expresarse. Los materiales que consideramos se le deben brindar pueden ser para construcciones: latas y cajas lo mismo que diferentes cubos de madera; revistas, periódicos, cartón, etc. Con estos elementos el niño se puede ejercitar en destrozar, desgarrar, destruir, y perforar. Le permite ejercitar su coordinación de ojos manos, a la vez, que le ayuda a canalizar sus pulsiones agresivas.

Asimismo, se deben proporcionar todo tipo de elementos que le posibiliten pintar, dibujar y colorear lo que apasiona a los niños de esta edad. Lo mismo que proporcionar elementos que puedan utilizar para pintar con los dedos y que no se les recrimine por el batidero, de la misma forma que les encanta jugar con agua y diferentes tipos de mezclas: colorantes con agua, engrudos, y modelado con barro. Es importante también facilitarles materiales para disfrazarse: ropa vieja sábanas; papel para realizar máscaras etc. Es decir, cualquier tipo de material puede servir para la diversión de los niños.

En el jardín también se pueden utilizar aparatos para columpiarse, trepar y hacer equilibrio, para ello se puede utilizar, caños, troncos, tablones, cubiertas de automóviles, sogas, etc. con los cuales se pueden fabricar estos juegos. Es importante tener siempre en cuenta las condiciones de seguridad.

Por medio de todos estos elementos se puede estimular el desarrollo de la fantasía y la imaginación al niño preescolar. Los objetos que rodean al niño, son un punto de referencia importante en la diferenciación entre el "yo" y el mundo que lo rodea; dominando y accionando con esos objetos, el niño comienza, al mismo tiempo, a controlar y dominar dicho mundo, lo cual se constituye en un factor de autoafirmación y seguridad personal. Entre los tres y los seis años, el juego libre resulta un medio esencial de educación de la personalidad y debe estar contemplado en las actividades diarias.

Capítulo IV

Juegos de la etapa maternal (3 a 4 años)

1. Juegos de motricidad general

Caza de dos: blanco y negro

El juego se desarrolla en parejas, un jugador *blanco* y el otro *negro*.

El jugador que se denomina con el color mencionado por la educadora por ejemplo, blanco, huye, y el compañero debe perseguirlo y tratar de atraparlo, hasta que el maestro cambie de color, momento en que se transforma de perseguidor en perseguido.

El juego se puede realizar:

- corriendo normalmente
- caminando o caminando solamente sobre los talones.
- saltando sobre uno o ambos pies
- avanzando en cuatro patas (cuadrupedia), o cuadrupedia invertida, es decir, apoyando en el suelo los pies y las manos.

Quitarle la cola al zorro

La educadora se coloca un pañuelo o una cinta en la cintura, de forma tal que pueda ser fácilmente arrancada por los alumnos. El grupo la tiene que perseguir corriendo por todo el patio; hasta que alguien pueda quitársela. La maestra debe regular su velocidad y desplazamiento, de acuerdo a las condiciones motrices de los niños, de modo que no resulte imposible quitarle la "cola" y puedan sentir gusto por el juego.

Caminar en equilibrio sobre cuerdas

El equipo que camina conservando el equilibrio sobre las sogas extendidas, y se sienta, del otro lado, primero y en orden gana.

Caminar en equilibrio sobre diseños en el piso

El equipo que recorre primero, la línea dibujada con tiza (gis) en el suelo y se sienta en orden del otro lado, gana.

Empujar la montaña

Se forman varios equipos entre 8 y 10 integrantes de acuerdo al número de alumnos. A una distancia regular de la zona de salida se marcará en un círculo: "R"; y cada equipo a su tiempo, a la voz de inicio, tratarán de llevar a la educadora hacia el refugio y ésta ofrecerá resistencia, gana el equipo que logra introducirla en el círculo.

El gigante y los enanos

Los alumnos divididos en equipos. Un equipo (5 ó 6 integrantes) toma un extremo de la cuerda. El otro extremo lo sujeta el maestro. Justo a la mitad de la distancia que los separa, se traza una línea divisoria o se pone un objeto. Cuando se da la orden de iniciación, los pequeños tirando todos al mismo tiempo, tratarán de hacer pasar la línea divisoria al maestro y éste tratará de evitarlo.

2. Juegos de percepción sensoriomotriz

A ciegas

Varios niños se esconden detrás de la esquina de una pared, de una puerta, o de un biombo, dejando fuera sólo una mano. Igual número de niñas se acercan y cada una escoge una mano: la de su caballero. La siguiente ocasión elegirán los niños. Es un juego útil para la formación de parejas.

Mirar a los ojos de la educadora

Los niños se mueven por todo el patio libremente, la maestra se ubica mirando hacia una lugar determinado del patio de juegos (al principio puede señalar también con los brazos). El grupo debe correr rápidamente hasta que todos estén mirándola a los ojos. Posteriormente, la maestra irá girando y desplazándose (al principio, hasta que los niños comprendan el juego lo hará muy despacio), diciendo: ¡Quiero ver todos los ojos!, mientras el grupo trata de seguirla mirándola siempre a los ojos. La distancia entre los niños y la maestra debe ser de dos metros como mínimo y de acuerdo a la edad del grupo y a su desenvolvimiento, se va complicando el juego.

¿Quién puede tocar...?

Los niños sentados en círculo, la maestra irá nombrando los distintos colores u objetos que se hallan en el contorno del patio de juegos. Los niños deberán correr y tocarlos y volver rápidamente a sentarse en su lugar.

La mamá pata y sus patitos

Mamá pata (la educadora), se coloca a una distancia prudencial de los niños y estos detrás de una línea. "Mamá pata" los invita a realizar distintas tareas "hijitos, vengan a barrer..."; "hijitos, vengan a comer"; "hijitos vengan a lavarse", etc: órdenes a las cuales, los niños responden con: "¡No! Porque estamos cansados", pero cuando la mamá dice: "vengan a jugar", todos deben correr rápidamente hacia donde está ella.

El juego del charco

Los niños distribuidos alrededor de un círculo o cualquier figura marcada con tiza o realizada con una cuerda. La educadora dice: "al agua", y todos los niños deben saltar con los pies juntos adentro de la figura; "fuera del agua" y todos vuelven a salir. Pierde el que tarda más en cumplir la orden; dejan una prenda o se va retirando del juego, para ver quién es el último en salir.

La verdulería

La educadora y el grupo en el centro del patio, con los niños divididos en grupos con nombres de frutas o verduras, se marcan varios refugios alrededor, de acuerdo a las frutas y verduras. La educadora dice: Señor verdulero quiero...naranjas...peras...aguacate...etc. Al ser nombrada la fruta o verdura, el grupo de niños correspondiente debe correr a sentarse al refugio propio. Cuando la maestra dice: "toda la verdulería", entonces todos los grupos deberán ir a sentarse a su lugar correspondiente. El juego se puede realizar con distintos elementos: colores, utensilios de la casa y también se pueden realizar distintos recorridos para ir al refugio.

El gato y los pájaros

Los niños se ubican en distintos refugios (las jaulas) de acuerdo al tipo de aves que representan: palomas, canarios, golondrinas, alondras, etc. Cuando la educadora se da vuelta, los pajaritos pueden salir de las jaulas a pasear y volar. Pero, sorpresivamente, el gato se vuelve y trata de atraparlos; las aves deben correr rápidamente a su respectiva jaula para estar a salvo.

Veo, veo...

La educadora dice: "veo, veo", y el grupo pregunta: ¿"qué ves?; educadora: "una cosa", niños: ¿qué cosa?, educadora: "maravillosa", grupo "¿qué color?, educadora: blanco o azul (por ejemplo)... De acuerdo a estas indicaciones los niños deben descubrir qué tipo de objeto existe en el aula o en el patio, del color nombrado por la educadora. Este juego es un juego apropiado para hacerlo en la casa, en el camión o auto, etc.

Puntería

Un jugador coloca 5 o 6 pelotas pesadas o clavas, etc., en el centro de un círculo, a una distancia prudencial. Los niños arrojan, cada uno a su turno, una bolsita o pelota para derribar los objetos ubicados al centro. Si alguno sale del círculo, pasa a pertenecerle al jugador que ha tirado.

Pares al hoyo

Se hacen varios hoyos, más o menos del tamaño de un puño y cada jugador arroja, desde dos o tres metros de distancia, una cantidad determinada de canicas o bolitas. Si el número de canicas que entran en el hoyo es par, quien las arroja se queda con ellas. Cada jugador arroja, cada uno a su turno, cierta cantidad de canicas. Gana el que logra juntar más.

El hoyo

Se hace un pequeño hoyo, del tamaño de un puño más o menos, y los jugadores se sitúan a dos o tres metros de distancia de él. Cada niño arroja su canica tratando de enviar al hoyo, las canicas de sus compañeros que han quedado afuera y al mismo tiempo la suya. Si lo consigue recupera la que tiró, y gana además las que pudo enviar al hoyo, pero si la suya queda fuera, está a disposición de los demás jugadores.

¿Qué es...?

La educadora coloca en varios platos: arroz, azúcar, harina, frijol, fideos, lenteja, garbanzos, habas (máximo seis elementos). Los niños con los ojos cerrados por medio del tacto, deben tratar de identificar los elementos.

¿Quién es capaz de repetir...?

Los niños sentados de espaldas a la educadora. Cada uno con un palito, un elemento de percusión o una pelota. La educadora golpea con distintos ritmos o rebota la pelota de diferentes formas y veces, que los niños deben repetir.

3. Juegos para la estructuración del esquema corporal

Las sombras pequeñas

La educadora camina sola delante de los niños; camina, salta, corre, se detiene, se vuelve, avanza de lado, retoma la marcha adoptando la manera de andar más graciosa e inesperada que se imagine. Los niños la siguen y la imitan en silencio, deteniéndose cada vez que la maestra lo hace. En este momento, el que se mueve queda eliminado, y debe regresar al punto de partida o tiene que pasar a controlar a sus demás compañeros.

Enanos y gigantes

Cuando la educadora indica: "gigantes", los niños caminan, erguidos, de ser posible en puntas de pie, y los brazos extendidos hacia arriba, por todo el patio de juegos; cuando la maestra indica: "enanos": caminan en cuclillas, de ser posible en las puntas de los pies, con el tronco erguido, los brazos extendidos hacia los lados. El juego continúa alternando las posiciones.

¿Quién toca más pies?

Mientras todos corren libremente, a la pregunta de la educadora:

¿quién es capaz de tocar mayor número de veces los pies de los compañeros?, todos comienzan a tocarse, evitando al mismo tiempo que se los toquen a ellos. De igual forma continuar con las rodillas, la espalda, los glúteos, los hombros, el pelo, etc.

El juego de los saludos

Todo el grupo caminando libremente por el patio de recreo. La educadora irá nombrando diferentes formas de saludarse: con las manos, oreja con oreja, espalda con espalda, rodilla con rodilla, pelo con pelo, nariz con nariz, y así ad libitum.

Quiero ver...

Los preescolares sentados en semicírculo libremente frente a la educadora, ella dice: "Quiero ver...todas las ...¡caras!, todos deben mostrar la frente; luego: "Quiero ver... todos los ...¡pies! y todos deben elevar sus pies para que los pueda ver; Quiero ver... todas las ...¡espaldas!; sucesivamente irá solicitando ver otras partes del cuerpo, que los niños irán mostrando.

No dejarse pegar

Un compañero (*A*), trata de pegar a otro (*B*) en la mano. *B* extiende una mano hacia adelante y camina hacia atrás, delante de *A*, esquivando a derecha e izquierda. Posteriormente, los compañeros cambian de posición. Más complejo es trotando o corriendo.

Los monitos imitadores

Todo el grupo frente a la maestra, cada uno trata de repetir lo mejor posible los gestos que ella hace con la cara, tocarse diferentes partes del cuerpo, mover los brazos hacia distintos lados, adoptar distintas formas con todo el cuerpo, hacer equilibrio con los pies, realizar diferentes gestos y adoptar distintas posiciones.

4. Juegos de ritmo, tiempo y espacio

Seguir el ritmo

Probamos caminar fuerte o suave, según las palmadas o el pandero de la educadora. Cuando se detiene los niños se paran. El mismo ejercicio, pero siguiendo la música de un disco; detenerse cuando se para el disco; continuar cuando comienza otra vez.

Adivina lo que hago

El grupo de niños de espalda a la educadora que realizará una serie de movimientos como brincar con los pies; correr y saltar, saltar con un pie, caer y golpear el suelo con las manos; golpearse el cuerpo, con diferentes combinaciones ritmicas. Los niños tratarán de reproducir los movimientos que oyeron.

El juego del tambor y las palmadas que le contestan

Los niños cierran los ojos: la educadora toca el tambor, si los golpes son débiles o si son fuertes, los niños deben decir: "débil" o "fuerte", de acuerdo a como suene el tambor; ahora, de acuerdo a cómo diga la educadora: "fuerte" o "débil", los niños deben dar palmadas fuertes o débiles con las manos. De acuerdo a como suena el tambor, los niños deben contestar.

El juego de la flauta y el silbato

La educadora define los términos: largo: dura mucho tiempo; corto: no dura; y lo demuestra con la flauta y el silbato, luego toca la flauta o el silbato y cuando ella silba "largo" o "corto", los niños deben decir: largo o corto; o "largo", deben separar los brazos a ambos lados del cuerpo; si silba "corto", juntar las manos por ejemplo; hacer una raya larga o corta en el pizarrón, etc.

Lejos y cerca

La educadora se pone de acuerdo con los alumnos respecto a dos consignas: colores, blanco y rojo, por ejemplo; el "blanco" representa la orden para correr cerca de ella y el "rojo" es la orden para correr lo más lejos posible; lo mismo, el "blanco" representa la orden para correr despacio y el "rojo" para correr rápido; estas consignas deben irse cambiando, con números; distintos objetos; nombres, etc.

Cumplir la orden

El grupo debe correr rápidamente a los lugares que la educadora indique: al borde de aquella línea, a la pared, al aula, correr alrededor del poste del aro de basquet, alrededor del árbol, o alrededor de la educadora mientras ésta se desplaza, etc.

Rondas

Los niños tomados de la mano en rueda cantan:

Bailemos la ranchera
que en casa no hay pan
Pero sí hay harina
Y mañana no habrá.
¡Ay!

Al gritar ¡ay! se agachan (en cuclillas) sin soltarse de las manos. También:

Palo palito
Hagamos la comidita
Al borde del arroyito
Con los pajaritos

¡Al agua! (Todos se sueltan de las manos, dan una vuelta y se ponen de cuclillas.

5. Juegos de atención y memoria

El juego de las frutas

La educadora sentada frente al grupo que está también sentado en semicírculo, la maestra va diciendo distintas cosas, pero cada vez que nombra una fruta, todos deben golpear las manos. Si las golpean cuando no deben o no golpean cuando se nombra una fruta, se le sanciona con una "prenda o un castigo, al infractor.

Adentro y afuera

El grupo de niños en fila detrás de una línea; la educadora a un costado, cuando dice: "adentro" todos saltan sobre dicha línea; cuando dice: "afuera", deben saltar hacia atrás. En la medida que van tomando seguridad los niños, la maestra puede ir complicando el juego, por ejemplo repitiendo la misma orden o diciendo otras palabras que no corresponden a las consignas dadas.

Te llamas...

Cuando los niños conocen bien sus nombres se puede realizar este juego; el grupo con una pelota y cada vez que un niño lanza la pelota a otro, debe decir el nombre del mismo, si dice otra cosa o equivoca el nombre, al que se la tira no debe tomarla, en caso contrario pierde. El jugador que tomó la pelota continúa así.

Arriba y abajo

Los niños en semicírculo al frente la maestra, a la orden de: "arriba" todos deben ponerse de pie y a la de "abajo" sentarse o ponerse en cuclillas; una vez que los niños han comprendido el juego, la educadora puede intentar hacer que se equivoquen, cambiando las consignas, repitiendo la misma, etc.

Completar el dibujo

La educadora realizará en el pizarrón el dibujo de una figura a la que le falta una parte, como por ejemplo, un perro sin una pata; una mano sin un dedo; una casa sin puerta, etc; un niño debe pasar a completar el dibujo y se continúa el juego con otros dibujos.

El grito

La educadora se pone de acuerdo con los niños respecto a dos consignas visuales: ejemplo, levantar los brazos y bajarlos, o apretar el pulgar y el índice o abrirlos, etc. Cuando la educadora da una consigna los niños tienen que gritar, cuando informa la otra consigna se tienen que callar. El maestro atraerá la atención de los niños para hacer que se equivoquen, al repetir o realizar otras consignas, etc.

El juego de vestirse

Se divide a los niños en pequeños grupos de acuerdo a las distintas prendas de vestir, por ejemplo, saco, pantalón, zapatos, camisa, corbata, etc.; la educadora realiza un relato, y cada vez que en el mismo nombra una de las prendas convenidas, el grupo de niños correspondiente, deben realizar los gestos o acciones que se realizan con la prenda: ponerse los pantalones; hacer el nudo de la corbata, etc.

Los trabajos de papá

La educadora desarrolla un relato y en el mismo informa cómo está vestido el trabajador, por ejemplo, iba en un camión rojo, con sirena, con un traje azul y un casco rojo y tenía guantes, con... y además... Los niños tienen que informar quién es, la educadora va agregando datos paulatinamente hasta que el grupo deduce la profesión u oficio del que se habla.

6. Juegos de expresión oral y aprestamiento para la lectura

El juego de las acciones

La educadora realiza una serie de acciones con mímica y los niños deben enunciar la acción y comentarla; por ejemplo, la educadora puede realizar las siguientes acciones:

— Lavarse la cara
— Cepillarse las manos y peinarse
— Ponerse los pantalones y el saco
— Ponerse los guantes (calzando los dedos uno por uno)
— Mirarse al espejo para ver si está bonita, etc.

El juego de las cosas

Se presenta una caja con varios objetos familiares para el niño. Por ejemplo: un cuchillo, un lápiz, una taza, una pelota, un plato, etc. Comenzar con 3 o 5 objetos. Mostrarlos durante 10 segundos; cubrirlos y solicitar, entonces, que se nombren los objetos exhibidos y se explique para qué sirven; posteriormente se les puede pedir que los dibujen.

El juego de la familia

Se le presenta a los niños una lámina de una escena familiar cualquiera, pero con muchos elementos para comentarla. Se expone durante algunos segundos, se solicita a los niños que nombren los objetos y personas y describan la escena; posteriormente que realicen un dibujo de la misma.

¿Cómo lo haces...?

Con este juego, la educadora trabaja sobre las imágenes que el niño posee. Las acciones iniciales serán simples, familiares para el niño y de ser posible, las acciones deben ser simplificadas por el sonido onomatopéyico correspondiente o por alguna exclamación que ayude a provocar el gesto. El niño tiene que realizar el movimiento o gesto; la educadora *no* ejecutará ningún movimiento; sólo enunciará la acción y el supuesto sonido que produce, por ejemplo:

— Tocamos el tambor: ratraplán-rataplán.
— Clavamos un clavo con un martillo: tac-tac-tac...
— Cortamos una madera con un serrucho.
— Tenemos mucho calor y nos abanicamos; ¡qué calor!
— Tenemos mucho apetito y nos comemos un pastel: ¡qué rico está!

El juego de las cinco palabras

Se realiza por equipos deben repetir cinco palabras nombrando objetos conocidos; por ejemplo, la educadora puede decirles: "nombrar cinco cosas duras; ellos pueden contestar: "pizarrón, zapatos, manzana, mesa, puerta, etc.

Educadora: cinco animales domésticos; niños: "gato, perro, vaca, caballo, pollo". Luego: cinco objetos que se mueven; objetos que se apoyan sobre cuatro patas; objetos de mamá; cinco animales salvajes, etc.

El juego de los animalitos

Se les muestra a los niños láminas de animales conocidos por ellos, perros, gatos, caballos, peces, y la educadora les pregunta: ¿Cómo se llama este animalito? ¿Qué hace? ¿Dónde está? ¿Cómo vive? ¿Con quién vive? ¿En qué lugar? etc., etc.

El cuento de la granja

La educadora les cuenta un cuento a los niños y luego les pide que lo representen y además, por medio de las onomatopeyas, que hagan los sonidos correspondientes; por ejemplo, cada niño representa un personaje de la granja: el granjero, la señora del granjero, patos, vacas, gatos, perros, etc. La educadora comienza el relato diciendo: "Había una vez una granja en donde vivía una familia de granjeros; el granjero estaba haciendo una mesa... (el niño debe representar el trabajo del granjero y hablar como él, etc.); luego, había muchas vacas: deben mugir como las vacas y moverse representándolos; perros..., idem, las gallinas y los pollitos... etc. Posteriormente todos pueden ir inventando el cuento y representándolo con onomatopeyas y movimiento.

El gallito

Canto que permite ejercitar la pronunciación de palabras y ayudar a que desarrollen su memoria auditiva; por ejemplo:

Yo tenía un gallito liri lila
tenía plumas amarillas liri lila
tengo pena liri lila
tengo pena liri lila
porque no lo pude hallar
lo busqué en la cocina liri lila
lo busqué en el patio liri lila

tengo pena liri lila
tengo pena liri lila
porque no lo pude hallar
tenía cresta colorada liri lila
tengo pena liri lila.

De esta forma se puede proseguir inventando estrofas; pedir a los niños representar con movimientos el canto y luego dibujar la historia o el gallito, etc.

7. Juegos de expresión gráfica y aprestamiento para la escritura

El muñeco

Los niños de pie con los brazos en alto; a la voz de la educadora el muñeco se comienza a derretir: dedos, brazos, cabeza, tronco, piernas hasta dejarse en el suelo; tratar que los niños relajadamente se queden acostados; ahora el muñeco se pone duro y más duro y luego blando y más blando; alternadamente, contraer y relajar, la fase de contracción debe durar de 3 a 6 segundos, tratando de que siga el más completo relajamiento; intercalar, ejercicios de respiración relajada y profunda; la educadora debe decirles: "respiren profundamente como un globo que se llena y luego dejen salir el aire como un globo que se vacía".

Caminar como si...

Pedir a los niños que caminen como si estuvieran en ciertos lugares:

— sobre la arena
— en el agua
— en la nieve
— sobre una cuerda tendida
— sobre arena caliente por el sol
— en agua fría a la altura de la rodilla
— sobre trigo a la altura de la cintura
— alrededor de un león dormido

Caminar: "según el estado de ánimo": tristes, alegres, cansados; preocupados; sugerir a los niños de qué otras formas se puede caminar y hacerlos crear: "caminar para ver a mamá; caminar hacia casa de la abuelita".

Cámara lenta

La educadora les debe explicar a los niños qué significa cámara lenta y les informa que el juego consiste en ver quién es capaz de hacer los movimientos lo más lento posible, por ejemplo, caminar sobre una línea, desde la posición de estar sentados ponerse de pie; realizar una línea con gis en el pizarrón; luego, realizar las tareas en grupos, ver qué grupo tarda más en realizar la acción pedida.

Mi sombra y yo

En parejas, el niño *A* tiene que moverse lo más lentamente posible y *B*, lo tiene que imitar, actuando como la sombra de *A*. Los movimientos pueden ser: caminar, realizar líneas en el pizarrón; tomar objetos y transportarlos; sentarse y acostarse; se debe tratar de que haya muchos movimientos con las manos, tanto para tomar objetos, realizar movimientos —con la mano derecha de ritmos gráficos combinados, ejemplo:

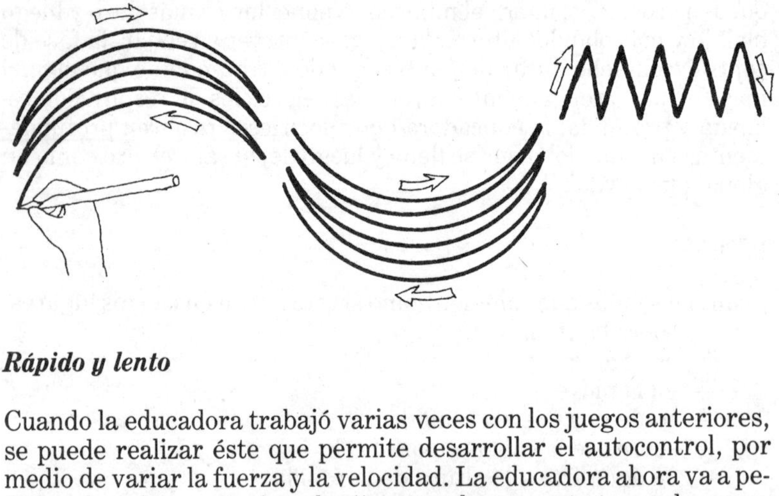

Rápido y lento

Cuando la educadora trabajó varias veces con los juegos anteriores, se puede realizar éste que permite desarrollar el autocontrol, por medio de variar la fuerza y la velocidad. La educadora ahora va a pedirle a los niños, por ejemplo: "qué tan lentamente te puedes acostar" sobre la colchoneta de gimnasia, y luego: "qué tan rápido te puedes poner de pie"; a todo el grupo, por ejemplo: "correr tan rápido como sea posible desde aquí hasta allá y desde ahí hasta la pared moverse lo más lento posible"; a una orden, o una palmada, correr lo más rápido que se pueda a dos palmadas, caminar lo más lento posible; etc.

¿Qué se perdió?

Se colocan varios objetos: cinco en fila sobre una mesa y se le hace ver unos segundos al niño, luego se le pide que cierre los ojos y la educadora saca uno. Se le pide a un niño por vez indicar lo que falta.

Juegos con palillos, palitos o cerillos

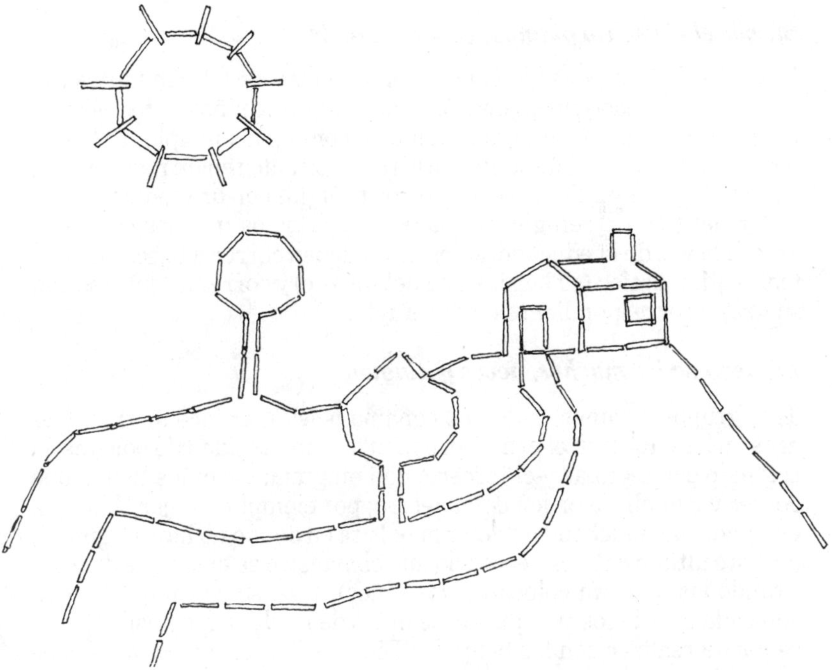

Se le hace un relato al niño, por ejemplo, "Había una vez una casita, en una montaña y arriba bien alto estaba el sol; al costado de la casa había dos árboles y un caminito que llegaba a la casa", etc.

La educadora puede hacerlo y que los niños lo repitan; tratando de que ellos puedan ir creando libremente.

El juego del papel

Los niños tienen que disfrazarse por equipo con papel periódico; posteriormente, se le pide a cada equipo, diferentes tareas. Por ejemplo, (cada niño tiene una hoja de periódico recortada por la maestra, de 5 × 5 cm), hacer una bolita con una sola mano, con la palma hacia abajo y sin ayuda de la otra. Más difícil; repetir pero con la otra; realizar recortes del periódico con las manos y hacer casitas, árboles, etc.

8. Juegos de aprestamiento para las matemáticas

Buscar el elemento gimnástico o el juguete

Los niños corren por todo el patio, en el centro se colocan tantos elementos de gimnasia, (o juguetes), como número de niños; estos elementos divididos en tres en igual número; como por ejemplo, ***bolsitas***, ***pelotas*** y ***bastones***, que se encontrarán mezclados en un montoncito. En tres lugares distintos se ubican los refugios con un elemento indicador del tipo de refugio, se pueden realizar los mismos con gis o aros; a la voz de la educadora, los niños deben correr a buscar un elemento gimnástico (su bolsita o su pelota, etc) y correr a sentarse con su grupo correspondiente en el refugio.

El juego de los muchos, pocos y ninguno

Tres grupos de niños, cada uno con una bolsita, a cinco metros, tres aros en los cuales en el primero, con una gran cantidad de bolsitas, el segundo con algunas y el tercero, con ninguna; los niños tienen que correr y cumplir la orden del maestro; por ejemplo, "dejar la bolsita en donde hay muchas" o "dejar la bolsita en donde no hay ninguna", (en este último caso es necesario que el maestro se encargue de ir retirando las que van colocando los niños); y así se continúa el juego con cada uno de los tres primeros niños de la fila. Este mismo juego se puede realizar con los bloques "Diewnes" (*ver sus características en la sección de material didáctico*).

El juego de los colores

El mismo juego anterior pero ahora con bolsitas o bloques Diewnes de tres colores: por ejemplo, verde, azul y rojo.

El juego de los círculos, triángulos y cuadrados

Se realiza con cartón igual cantidad de triángulos, cuadrados y círculos; se los coloca en el centro del patio y a una orden de la educadora cada niño debe ir corriendo a buscar un cartoncito y sentarse en el refugio correspondiente, que estará marcado con gis y en forma de triángulo, cuadrado y círculo; posteriormente se pueden ir colocando más refugios con la misma figura alrededor del patio.

El cantito de la asistencia

Todos los días al llegar los niños la maestra puede, primero ella y luego con todos, comenzar a contar hasta el número tres que todos conocen y luego seguir adelante de acuerdo a lo que se vaya trabajando; Asistencia:

1,2,3 niñitos: Susana, Manuel y Carlos.
1,2,3 niñitos: Juan...

Luego:

1,2,3, niñitos
4,5,6, niñitos
7,8,9, niñitos hay, etc. (Va señalando a los niños).

La ronda de los patitos

En ronda:

Cinco patitos
se fueron a nadar
el más pequeñito
no podía nadar
su madre enojada
le quiso pegar
y el pobre patito
se puso a llorar
cuacua, cuacua,...

Realizar con mímica y movimientos de todo el cuerpo.

El juego de las cosas

Se colocan en una mesa una gran variedad de elementos que se puedan agrupar y se hace pasar a los niños uno por uno y se le plantean problemas de conjuntos y clasificaciones, por ejemplo, la educadora puede decir: "Toma todos los recipientes que puedan contener agua"; el niño tiene que tomar; las botellas, la tetera, la cafetera, etc. Educadora: "Toma todo lo que se refiere a las frutas" o "lo que se refiere a las comidas", etc.

Rompecabezas

Al principio son muy simples, tienen que representar un objeto que el niño tenga presente y ante sí la figura que va a construir. La inclusión de la parte en el todo, o que el todo está formado por partes, es una noción que se vincula con el aspecto cardinal del número. Esto es lo importante de jugar con esos elementos.

Módulos para encastrar

Es importante tener juegos para encastrar figuras o cuerpos, cuadrangulares, circulares y rectangulares o prismáticos, esféricos y cilíndricos. Todos estos pueden ser realizados por la educadora con cartón.

Construir

En este nivel es fundamental que el niño pueda construir torres y desarrollar diferentes construcciones, por lo que es muy importante ofrecerle materiales como bloques huecos y cuerpos cónicos, cilíndricos, etc.

9. Juegos de aprendizaje y socialización

Kermés

La educadora puede organizar una kermés interna para recreo de su grupo preescolar. Puede instalar diversos kioscos; ejemplo de actividades:

- Pegar a los tarros: tumbar con una pelota de trapo latas colocadas en forma de pirámide. A una distancia de 3 o 6 metros, de acuerdo a la habilidad de los niños.
- Pasar por el aro: a una distancia prudencial se colocan varios aros de gimnasia colgados de una soga, los niños tienen que tratar de pasar por el centro, hay cinco pelotas para realizarlo.
- Pescar: en un balde grande se colocan pescados, que puedan realizarse de algún material que flote, por ejemplo, existen pescaditos de plástico, o se pueden hacer de cartón y pegarlos en corcho, etc. A cada pescado se le coloca un alfiler y los niños a una distancia acorde a su edad, tienen que pescarlos, con una caña que tiene un imán en la punta del hilo. También se pueden realizar con alfileres doblados como anzuelos para engancharlos en un arito colocado en el pescado, realizado también con alfiler.

- Carrera de las manzanas: se atan manzanas de una soga, juegan varios niños, que se colocan cada uno frente a una manzana; los participantes deben alcanzarlas con la boca y morderlas, sin utilizar las manos. Gana el primero que la come toda.
- Emboque de anillos: se lanzan anillos de cartón o madera, sobre el cuello de botellas o clavas, desde una distancia de 3 mts. Por cada acierto se recibe un premio, se tiran cinco anillos.
- Carrera de bolsas: cada niño dentro de una bolsa hasta la cintura debe salir de una meta y recorrer saltando una distancia de 20 a 30 metros.
- Carrera de parejas: se ata una pierna de cada niño, la derecha —de uno con la izquierda del otro, y las parejas deben realizar una carrera en un trayecto determinado.

Con estas actividades sencillas y muchas más, se pueden organizar los distintos kioscos de la kermés y pasar todos un rato muy divertido.

Títeres

Los títeres resultan una herramienta educativa de gran valor en la escuela preescolar, su función es comunicar y divertir a los niños. Tienen un valor educativo fundamental cuando los niños participan en el desarrollo de la obra y en la puesta en escena.

Para su confección se utilizan diarios viejos que se ponen a remojar en agua caliente, después de desgarrarlos en girones. Luego se cuela el papel para separarlo del agua; al papel mojado se le agregan varias cucharadas de engrudo, harina y agua, de manera que pueda amasarse todo. Con la pasta ya al punto, se forman pelotas del tamaño de una de tenis, en las que se incrustan dos dedos para formar los ojos, luego se les coloca una nariz hecha del mismo material; el cuello puede ser un cilindro de cartón. Las figuras se colocan sobre estacas y secan en ocho días aproximadamente, se pintan y se les hace un vestuario, por donde cabe la mano.

Para realizar el escenario veáse construcción de material didáctico.

Vamos de paseo por la ciudad

Se marcan distintos refugios en el patio de juegos, por ejemplo, la plaza de juegos, la nevería, el carrousel, la juguetería, la escuela, etc. El grupo camina libremente por el patio; cuando la educadora nombra algunos de los lugares ya identificados por los niños, todos deben correr dentro del mismo (al principio se inicia con tres y luego se van agregando a medida que se juega).

Saludar al vecino

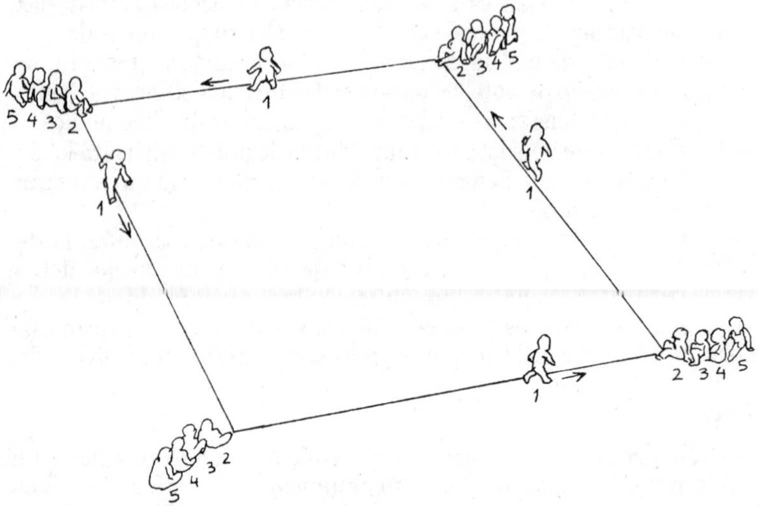

Se organizan equipos, cada uno dentro de su "casa", éstas se encuentran ubicadas en las cuatro esquinas del patio. A la voz de la educadora el número 1 de cada equipo corren hacia la casa del vecino; al llegar saludan al compañero n-2 que se quedó en la casa y se sientan. Este saludo es la señal para que salga el número dos y repita la acción en la otra casa y así continúa el juego, hasta que todos los equipos han mudado de casa.

Los bomberos

En los refugios (tres o más), se ubican los "bomberos", por grupos de colores iguales, rojo, verde, blanco, etc., la educadora en el otro extremo del patio, llama de urgencia a los bomberos de determinado color por el teléfono: "Auxilio, auxilio, se quema la casa," ¡Que vengan rápido los bomberos verdes! Estos deben correr inmediatamente al lugar en que se encuentra la maestra, dar una vuelta alrededor y volver a su refugio. Cuando la educadora grita: ¡Auxilio, que vengan los bomberos de todos colores!, todos tienen que correr alrededor y volver a su lugar.

Capítulo V

Juegos de la etapa preescolar (primer nivel, 4 a 5 años)

1. Juegos de motricidad

Congelados

Los niños se desplazan libremente: caminando o corriendo, hacia adelante; hacia atrás; en ochos y en líneas sinuosas, en círculos, etc., tratando de ocupar todos los espacios libres del patio de juego. A la voz de ¡"YA"! de la educadora deben realizar la consigna previamente establecida: sentarse, acuclillarse, acostarse de espaldas o boca abajo, hacer la "vela" o hacerse bolita, etc. Luego se levantan sin ayudarse con las manos (cuando ya han practicado varias veces el juego), y siguen corriendo, caminando, etc.

Saltar los burritos

Los niños se desplazan saltando con los dos pies juntos en todas direcciones por todo el patio de juegos; a la voz de la educadora: "Los burritos a su lugar," todas las niñas se acuestan boca abajo, los varoncitos corren y saltan encima de ellas de un lado al otro. Después las niñas pueden adoptar la posición de banco (apoyadas en las manos y rodillas), y los chicos las saltan y al volver se arrastran por debajo de las burritas. Posteriormente los grupos se alternan.

El columpio

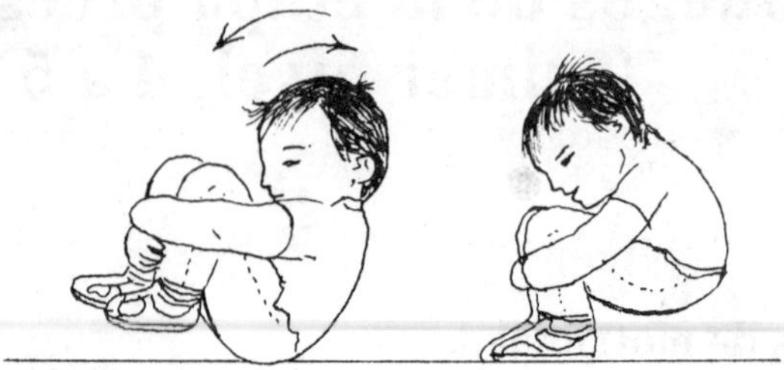

Los niños se desplazan trotando libremente por todo el patio y a la orden de la educadora: "columpiarse", los niños se sientan en el suelo y se abrazan las piernas, que deben estar flexionadas. De esta forma se columpian hacia adelante y atrás. En el movimiento hacia adelante, los pies deben tocar el piso; aumentar el movimiento, al columpiarse hacia adelante se deben desprender los glúteos del piso.

Variante: El puente hacia adelante elevar los glúteos en posición de cuclillas, con las piernas juntas y las manos no se deben mover; lo mismo: cuclillas/cuclillas sobre las plantas: los niños adoptan, a través de la flexión profunda de rodillas, la posición de cuclillas en punta de pies; después, apoyando los talones, se acuclillan en plantas de pies. El ejercicio puede ejecutarse con rebotes rítmicos.

El juego continúa corriendo y repitiendo el ejercicio o consigna acordada con la educadora.

El juego de las parejas

Las parejas corren por el patio. A una señal de la educadora se detienen, uno de los compañeros separa las piernas; otro pasa en cuadrupedia por entre las piernas del primero sin tocarlo; los compañeros cambian los papeles. Al principio el juego se puede realizar caminando y luego: corriendo, y combinando otras formas de desplazamiento de acuerdo a las posibilidades de los niños.

El burro empacado

En parejas, *A* (el burro) hace un puente, apoyándose en manos y pies, y *B* (el campesino) trata de empujarlo hacia adelante, *A* tiene que hacer fuerza con brazos y piernas y además mantener ambos bien juntos. Después se cambian los papeles.

Derrumbar el puente

En parejas como el juego anterior, sólo que *B* debe tratar de derrumbar el puente desde el costado. En este caso, *A* debe separar sus brazos y sus piernas. *B* debe empujar a *A* en la cadera y en el flanco. Después de varias ejecuciones, los compañeros deben cambiar los papeles.

2. Juegos de percepción sensoriomotriz

El león y los conejos

La educadora y después un niño serán el león que pasea por el bosque, mientras los conejos comen pasto, corren y juegan en las puntas de los pies, guardan silencio para no ser oídos por el león, en un momento dado se acercan al león por la espalda. Cuando éste los oye, persigue a todos hasta el refugio.

Aquel conejo que sea alcanzado antes de llegar al refugio pasará a ser el león y continúa el juego.

El lobo y los perritos

Todos los perritos corren y juegan por el campo, moviendo su colita, (un pañuelo o cinta en la cintura). El lobo (al principio la maestra), se pasea, mientras los perritos se aproximan y cuando están muy cerca los persigue y trata de quitarles las colas.

El perrito que es alcanzado antes de entrar en el refugio, pasa a ser el lobo.

El quintero y los conejos

Se distribuyen las "zanahorias" (bolsitas), por todo el espacio. Los conejos salen de sus refugios para buscar zanahorias y en el momento en que son sorprendidos por el quintero, corren con sus zanahorias hasta los refugios. El niño alcanzado pasa a ser quintero.

Variante: caminar en cuadrupedia y poner las zanahorias entre las piernas y saltar.

Volver a la casita

Se distribuye a los niños por todo el patio y cada uno dejará su aro o su soga en el suelo, en forma de círculos (la "casita", dentro del cual estará un solo niño, de pie o sentado. A la orden de la educadora todos salen a pasear, caminando o corriendo, y a la voz de "a la casita," entran rápidamente en el aro más cercano; En cada ocasión la educadora quitará un aro y progresivamente irá quitando los demás refugios. El juego puede continuar sin necesidad de retirar a los niños que se quedan sin refugio.

Las ardillitas en su casa

Se forma un gran círculo de parejas tomados de las manos (la casa), y dentro parado otro niño (la ardillita); todas las ardillitas salen a pasear libremente, y a la orden de la educadora, hay que volver rápidamente a su propia casa. Progresivamente el maestro quitará casas e integrará a los niños como ardillitas.

Buscar a un amigo

Correr libremente, a la voz de la educadora: "Buscar un amigo," hay que tomar a alguien de las manos y sentarse. "¿Quién no tiene amigos? pregunta la educadora: De existir número impar la maestra también participa ¡Tú eres mi amigo!: se empieza nuevamente, de la misma forma, pero además se realiza una acción antes de sentarse: una vuelta tomados de la mano; girar tomados del brazo; enganchar-se de las piernas, etc.

Correr y mirar

Todos corren libremente. Cuando la educadora grita: "alto," todos se detienen rápidamente y deben girar y mirar a la educadora. Ésta también se desplaza por todo el patio.

3. Juegos para la estructuración del esquema corporal

El juego de la granja

La educadora realiza un relato sobre la vida en una granja y a medida que va hablando de los distintos animales: patos, gallinas, burros, caballos, vacas, perros, gatos, etc.; le va dando la denominación de un animal a diferentes grupos y cada vez que los nombra el grupo de niños deben interpretar los movimientos del animal que le corresponde cuando la educadora dice: "la granja", todos, a la vez, deben imitar e interpretar los diferentes animales.
Luego los grupos cambian los papeles.

El oso

La educadora les cuenta que el oso come mucho durante el verano, engorda y acumula grasa. Cuando llega el verano, el sol derrite la nieve y los pajaritos cantan, el oso se despierta con un gran bostezo, y sale en busca de vegetales y de miel. Pero, de golpe en el árbol en el que estaba la colmena, llegan las abejas, lo pican y lo corren. Cuando llega el invierno, se esconde en su cueva y duerme hasta que llega de nuevo el verano. Los niños deben ir realizando todos los movimientos e interpretando todas las acciones del oso. La educadora puede pedirles posteriormente que imaginen situaciones similares de la vida del oso y las relaten mientras las van haciendo.

El elefante

Lo mismo que el juego anterior, los niños deben interpretar los movimientos del elefante y realizar las acciones del cuento relatado por la educadora y posteriormente inventados por ellos. Por ejemplo: por nuestras tierras y campos no se ven elefantes, pero sí, los podemos encontrar en el zoológico y en qué otro lugar... El elefante habita en los campos de otro continente como es África y en las selvas de otro país como la India.

Cuando tiene sed, va a los ríos y absorbe el agua con la trompa y también puede aprovechar para darse una ducha y quitarse el barro del cuerpo.

El elefante es un animal bueno y no tiene enemigos, pero todo el mundo teme al gigante de la selva. Cuando se lo domestica, el elefante ayuda al hombre en los trabajos pesados.

Por medio de la interpretación de estos dos juegos: "el oso" y "el elefante", la educadora debe centrar la atención del niño en el descubrimiento y la constatación, de la pesadez del propio cuerpo.

La liebre, la cebra y el caballo

Por medio de la imitación e interpretación de estos animales se puede trabajar el concepto de ligereza y en relación con los osos y elefantes los contrastes; el de pesado-ligero; así como los de lento-rápido.

Por ejemplo, la liebre es prima del conejo y corre mucho. No todos los perros pueden alcanzarla. Duerme en la maleza y entre los arbustos para esconderse de los animales cazadores o del hombre, que se alimentan de su sabrosa carne. A la liebre le gusta comer vegetales y sobre todo: zanahorias.

La "Cebra"; por las llanuras africanas corren juntos (en rebaño) unos caballitos muy veloces, son las cebras. Son distintos de los caballitos corrientes que ustedes conocen, porque tienen la piel rayada, la crin corta y carecen de mechón. La cebra es un animal salvaje, etc.

Se hace lo mismo con el caballo.

El mimo

La educadora frente a los niños les pregunta: "¿conocen al mimo?" "ellos preguntan" "¿quién es?" La educadora responde: "el que hace así", adoptando un gesto y una posición que los niños deben imitar progresivamente. A cada uno pregunta, se van incorporando nuevos gestos y movimientos, que todos deben imitar.

Los mosquitos

De acuerdo a la voz indicadora de la educadora, los niños deben tocar o "picar" a sus compañeros: en el brazo, la espalda, la nariz, la oreja, las piernas, todas estas acciones mientras "vuelan" (corriendo con brazos abiertos e imitando el zumbido del mosquito). Posteriormente, deben tocarse con una mano, la parte nombrada en su propio cuerpo, y con la otra, picar al compañero.

Las sombras

Los niños se desplazan libremente caminando o corriendo, a la orden: "Ya" de la educadora; deben colocarse detrás de un compañero, luego, deben caminar o correr detrás de éste. Luego se cambian los papeles del juego.

Los saludos con el cuerpo

Los niños corren libremente por el patio, a la voz de la educadora: "saludar con... la espalda; con el brazo; con la pierna; con la cabeza, etc. deben saludarse de acuerdo al miembro o parte corporal indicada. Por ejemplo colocarse espalda contra espalda y con movimientos saludarse y así continuar con las diferentes órdenes y seguir corriendo entre saludo y saludo. Este tipo de actividades resultan muy chistosas para los niños y les agrada mucho.

4. Juegos de lateralidad

Blanco y azul

A todos los niños se les amarra una cinta blanca en el pie derecho y otra azul en el pie izquierdo, (pueden utilizarse cintas de otro color). Los niños corren libremente o caminan, hasta que la maestra indica: "Derecho-Blanco" o "Izquierdo-Azul", ante lo cual, todo el grupo debe: saltar sobre el pie indicado por la educadora, hasta que los invite a seguir trotando.

Las cigüeñas

Todo el grupo con un aro, que deben dejar en el suelo (son las casas de las cigüeñas); nuevamente, tienen en cada pie una cinta de color, por ejemplo, verde: pie izquierdo y rojo; pie derecho. Todos caminan o corren libremente por el patio de juegos, cuando la maestra indica, "izquierdo-verde", rápidamente se deben colocar dentro del aro más cercano sobre el pie indicado en equilibrio. Pierde el que se equivoca o pierde el equilibrio. Se puede aumentar la dificultad de la consigna, al colocar como apoyo el pie y la mano del lado indicado.

Derecha e izquierda

Todo el grupo de niños sentado frente a la educadora; cada niño con una cinta de color en cada brazo y con una bolsita; por ejemplo, cinta azul: brazo derecho y amarillo: brazo izquierdo, de acuerdo a la orden de la educadora, hay que correr y dejar las bolsitas o recogerlas, del refugio derecho o izquierdo al grupo.

Carrera de las cigüeñas

Todo el grupo colocado en hilera, cada niño con dos cintas de colores distintos; de acuerdo a la indicación de la maestra, desplazarse en un solo pie, hacia el lado izquierdo o derecho; por ejemplo, lado derecho: cinta blanca y lado izquierdo: cinta azul; el pie con que se salta también debe ser el izquierdo o derecho del niño. La distancia no debe ser más de 10 o 15 metros.

Carrera sobre la derecha o izquierda

Varios grupos sentados en fila (de acuerdo a la cantidad de niños) cada uno debe tener las cintas, por ejemplo: izquierdo: verde y derecho: azul; el primer niño de cada equipo debe contar con una bolsita o pelota. De acuerdo a la indicación del maestro: se debe pasar rápidamente la bolsita con la mano derecha o izquierda; pierde el equipo donde se equivoca algún integrante al pasar con la mano diferente la bolsita.

El camino difícil

Se realizan distintos diseños en el piso con gis (tiza), y con diferentes tipos de obstáculos: bancos suecos, colchonetas, sogas, troncos, aros, etc. Cada tanto, se marcan lugares donde dice: saltar sólo con el pie derecho o izquierdo, o alternar, por ejemplo, tres saltos con el izquierdo y dos saltos con el pie derecho, etc. Igualmente se colocan indicaciones de llevar diversos objetos: pelotas, bolsitas, bastones, tacos de madera, etc., que deberán ser transportados con la mano derecha o izquierda, desde un lugar a otro. Se deben variar las indicaciones, a medida que el grupo va pasando.

5. Juegos de ritmo, tiempo y espacio

Marcar el ritmo

Los niños se dividen en dos grupos: uno se sienta y con la educadora, marcan un ritmo que ella les indica, el ritmo se marca con las palmas de la mano. El grupo ejecuta el ritmo que se le marca desplazándose por todo el espacio, lenta o rápidamente, según indiquen las palmas del grupo (la educadora puede acompañar con un pandero); tratan de marcar acentuadamente el ritmo y no cambiar rápidamente el mismo. Luego la educadora indica: ¿vamos a ver cómo se mueve el otro grupo siguiendo el ritmo?

Seguir el ritmo de la pelota

La educadora tira una pelota hacia arriba y hay que palmear cuando la pelota llega más alto y cuando bota en el suelo. Variantes: palmear durante todo el desplazamiento de la pelota en el aire, no golpear cuando bota y continuar palmeando mientras rebota y mantener el ritmo de las palmas de acuerdo al de la pelota, buscar otras variantes del mismo juego.

Seguir los movimientos de la educadora

El grupo está sentado y la educadora realiza en forma reiterada movimientos lentos, y muy marcados. El grupo de niños sigue el ritmo de estos movimientos con palmadas, golpeando en el suelo o con la voz.

Los camiones

Se forman varias hileras de "camiones" (niños tomados de la cintura), que se desplazan por todo el espacio, los de cierto color (por ejemplo: rojo, con cintas), son rápidos; los azules: paran en todas las ciudades y los de carga (cintas amarillas) irán muy lento. La educadora le señala a cada camión el ritmo de la marcha que debe realizar, luego se cambian las consignas.

Los animales en su refugio

En el centro del patio se colocan cartoncitos que tienen dibujado un animal; tantos como alumnos hay; por ejemplo, perros, gatos, patos y conejos. En la zona final del patio de juego, se marcan cuatro refugios, a la indicación de la educadora, los niños corren a tomar un cartoncito y de acuerdo al animal que tienen deben correr al refugio correspondiente, con el resto de sus compañeros, en el refugio se sientan. Gana el grupo que primero se sienta y guarda silencio en su refugio.

El juego de los colores

Los niños están distribuidos libremente por todo el patio; se marcan cuatro refugios con colores y se cuenta con tantas cintas o cartoncitos de colores, como número de participantes; por ejemplo, se colocan las cintas: azul, verde, amarillo y negro, distribuidas en las cuatro esquinas del patio mezcladas y en montoncitos similares; en el centro se colocan los cuatro refugios de colores; cuando la educadora indica, los niños corren a buscar una cinta y se irán a sentar al refugio correspondiente que los agrupa de acuerdo al color.

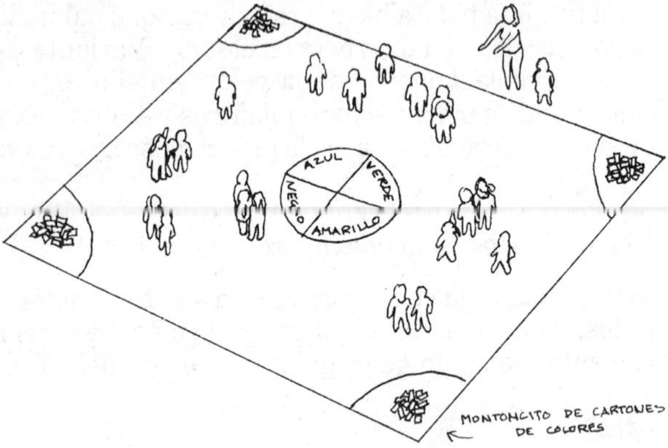

6. Juegos de: atención, memoria y deducción

Simón arriba y Simón abajo

Los niños distribuidos libremente mirando a la educadora, permanecerán de pie o en cuclillas; de acuerdo a la consigna de la educadora, si ésta dice: "Simón arriba", deben ponerse de pie, si dice: "Simón abajo", deben quedar en cuclillas. La picardía del juego requiere que la educadora trate de hacer que se equivoquen.

Rojo y verde

La educadora se pondrá de acuerdo en dos consignas, por ejemplo: verde: correr y rojo: pararse; durante el juego, todos caminan, hasta que la educadora informe de la consigna a realizar. Posteriormente se pueden ir agregando otros colores. Por ejemplo, amarillo: caminar. De la misma forma se pueden realizar distintos movimientos.

Seguir al tren

Un grupo de niños formados como trenecito realizan un recorrido determinado, realizan distintas acciones o se detienen. Después, otro equipo debe hacer lo mismo que el anterior.

¿Qué había sobre la mesa?

Durante unos segundos, la maestra coloca un máximo de cinco objetos sobre la mesa, luego los retira y los niños deben recordar, cuales eran dichos objetos.

Adivinanzas

Cuando me siento me estiro,
cuando me paro me encojo,
entro al fuego y no me quemo
entro al agua y no me mojo
RESPUESTA: *La sombra*

Barbas tiene,
hombre no es,
olas hace,
río no es
RESPUESTA: *El trigo*

Come por el lomito,
destila por el piquito.
RESPUESTA: *La cafetera*

Tira el hilito
y grita el pajarito
RESPUESTA: *La campana*

Siempre quietas,
siempre inquietas,
durmiendo de día
de noche despiertas.
RESPUESTA: *Las estrellas*

En blanco pañal nací,
en verde me transformé,
fue tanto mi sufrimiento
que amarillo me quedé.
RESPUESTA: *El limón*

El vidriero

Se ponen en hileras tantas sillas como niños intervengan, menos una, se deja bastante espacio entre una y otra. Disponer de una bolsa (con algunas bolsitas de gimnasia, que el vidriero llevará al hombro). La educadora al vidriero elige; los niños avanzan en fila india alrededor de las sillas, el vidriero con su bolsa al hombro, va llamando diciendo: "vidriero", "vidriero", "vidriero", y después cantando la siguiente canción:

Dónde hay cristales rotos
Que aquí viene el vidriero

Dónde hay cristales rotos
Que aquí viene el vidriero

El vidriero, el *vidriero*

Y mientras enfatiza la última palabra, todos los niños se sientan a la vez que lo hace él arrojando al mismo tiempo el bolso.
El que se queda sin asiento, debe tomar el saco y comenzar el juego.

7. Juegos de expresión oral y aprestamiento para la lectura

El juego del teléfono

El juego se realiza por parejas y los niños tienen que realizar todos los movimientos mímicos de cuando se habla por teléfono. El tema de la conversación lo informa la educadora.

Inventar un cuento

La educadora les informa de una serie de actividades, como por ejemplo:

- subir una montaña.
- ir por el campo y pasar por un puente.
- ir a pasear por el zoológico y ver al elefante.
- ir por un bosque y trepar por un árbol.
- correr por la arena y meterse al mar.
- ser un transporte: un avión que va volando; un tren que va subiendo por una montaña; camión de carga que lleva fruta, etc.

La educadora pide a los niños que en grupos independientes hagan un cuento para incorporar alguna de estas actividades.

El canto de las manos

Los niños mueven las manos y realizan los movimientos diferentes de las mismas y los dedos, mientras cantan:

Abrir y cerrar
abrir-cerrar, abrir-cerrar
las manos al compás
abrir-cerrar, abrir-cerrar
las manos hacia atrás
y suben y suben por la pared
y dan una palmada así
Lara, la, la, lara, la, la.

Las campanas del reloj

Las campanas del reloj
todas suenan con primor
unas dicen dan, din, don, dan
y otras dan, don, din
oh que hermosas son
y solfeando
dicen así:
fa, fa, re, re, si, si, sol,
do, do, mi, mi, sol, sol, mi.
oh que hermosas son
dan, don, din.

Luego se les pide a los niños realizar un dibujo en relación con el canto.

Dibujar con puntos

Se juega en parejas. El niño *A* dibuja puntos en el pizarrón o en una hoja de papel y el niño *B* traza líneas uniéndolas. Pero, todos los puntos unidos deben formar un dibujo; por ejemplo, un cuadrado, una casa, un triángulo, etc. ¿Qué dibujamos?

El laberinto

Se realiza un cierto recorrido que se marca en el pizarrón con gis, puede ser similar a los que se realizan en el patio de juegos, debe tener unos 2.5 cm de ancho y el niño, con un gis de color diferente, debe trazar una línea ininterrumpida desde la entrada a la salida; el niño toma la tiza con cualquier mano y coloca la otra sobre la pizarra, para apoyarse e incrementar la coordinación bilateral; debe tratar de trazar la línea dentro del carril sin salirse hacia los lados. Hay que iniciar con carriles rectos; en la medida que los niños aumentan su coordinación, se pueden incluir ángulos y curvas.

Este juego permite ejercitar al niño para seguir una trayectoria gráfica.

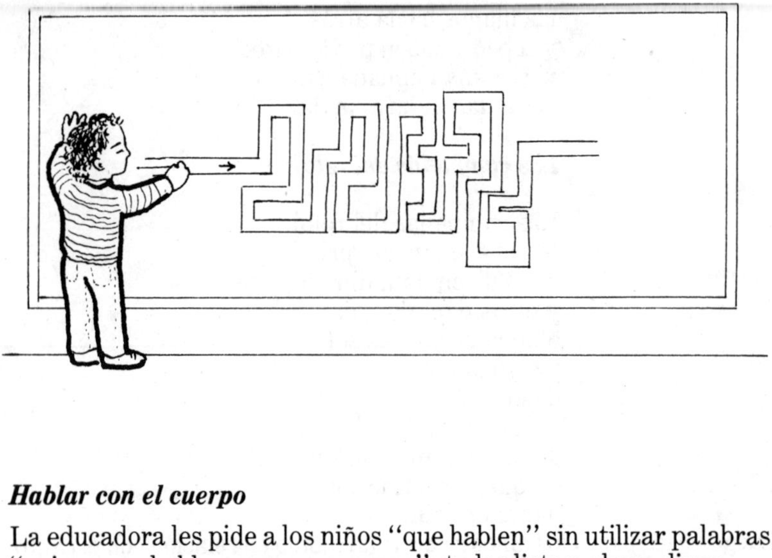

Hablar con el cuerpo

La educadora les pide a los niños "que hablen" sin utilizar palabras; "quiero que hablen con sus cuerpos", todos listos: ahora digan

- "Adiós", con la mano
- "No", con la cabeza
- "No", con el pie;
- "Me duele el dedo";
- "Estoy esperando", con todo el cuerpo;
- "Qué bonito", con todo el cuerpo;
- "Huele feo", con la nariz y la mano;
- "Hola", con el pie; etc.

Ahora "hablen" con los ojos.

Seguir la mariposa

En este juego el niño sigue la trayectoria de una mariposa imaginaria ubicada en el ángulo formado por la pared y el techo, luego baja por el rincón de las paredes, sigue a lo largo del ángulo formado por el piso y la pared y continúa así por el aula.
Cuando la educadora dice "llegó la mariposa", se detiene, descansa y puede posteriormente invertir su recorrido o cambiar de dirección. El juego permite seguir el contorno de un objeto con los ojos.

Trayectoria de la canica

Un niño juega con otro, se coloca una bolsita en un recipiente plano, por ejemplo, una caja con laberintos internos, de tal forma que sirvan de carriles para la canica; los niños deben mover la caja y seguir con los ojos el desplazamiento de la bolita.

Tomar con el pulgar y el índice

En una caja se colocan una x cantidad de elementos; por ejemplo: garbanzos, frijoles, botones grandes, bolitas, etc; el niño debe ir tomando con el pulgar y el índice cualquiera de estos elementos y pasarlos a otra caja. Se pueden ejercitar también movimientos de tomar con toda la mano, colocar objetos más grandes, como pelotas, corchos, piedritas, huesos, etc. Para realizarlo se debe utilizar la mano dominante y la otra.

Fundamentalmente, los juegos de esta categoría tienen el objetivo de desarrollar un control más refinado del pulgar y del índice.

Jugar con la lengua

Es importante que el niño se ejercite frente a un espejo, debe mover la lengua: hacia adentro y hacia afuera; hacia un lado y hacia el otro; alrededor de la boca; etc.

Señalar con la lengua

En este juego, los niños señalan con la lengua diferentes lugares de acuerdo a las indicaciones de la educadora; por ejemplo, el pizarrón, la puerta, la ventana, arriba, a un costado, al otro, el patio de juegos, el árbol, la calle; etc.

Seguir la luz

Para este juego se necesita una linterna y que el aula esté a oscuras y; un niño maneja la linterna, y la educadora le indica distintos objetos alrededor de la habitación; por ejemplo, láminas, niños, diversos elementos que se encuentren en el aula, etc. Pide al pequeño que lleve el haz de luz de un objeto a otro en un orden determinado; luego, se puede pedir que se repita de memoria el movimiento sin la indicación del maestro.

8. Juegos de expresión gráfica y aprestamiento para la escritura

El columpio de Pedrito

Pedrito construyó un columpio en el árbol de su casa y todos los días, cuando regresa de la escuela y después de comer, va a jugar al patio de su casa, se sienta en el columpio y comienza a mecerse; va y viene, va y viene... va y viene; cuando dice: "va" los niños trazan una línea curva de izquierda a derecha; cuando dice: "viene", repiten pero ahora de derecha a izquierda.

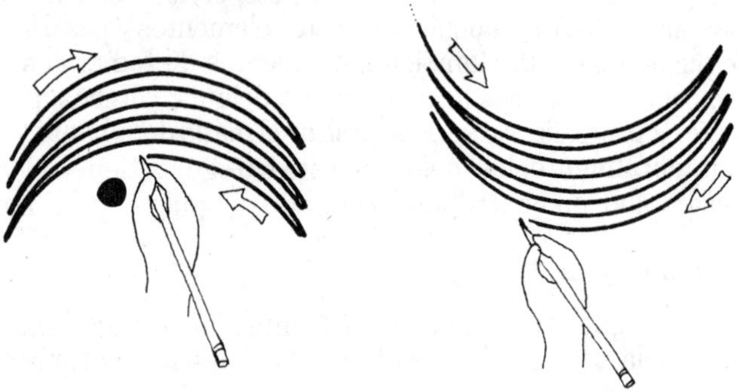

Cuando Pedrito se cansa, se baja y le gusta brincar con una cuerda y se divierte saltando adelante y atrás, adelante y atrás... adelante y atrás; cada vez que dice rítmicamente: adelante, los niños trazan una línea curva de izquierda a derecha con la convexidad hacia arriba y cuando dice: "atrás" repiten, pero de derecha a izquierda, sin suspender el movimiento.

El perro y el sol

La educadora relata: "un perro, en un día muy caluroso de verano, tenía mucha sed y le ladraba al sol que estaba en el cielo muy redondo, redondo, redondo... redondo; cada vez, que la educadora dice "redondo", los niños trazan un círculo u óvalo en una hoja o bien con gis en el suelo. Luego la educadora dice: "y mientras ladraba, la cola se le enroscaba, enroscaba, enroscaba y enroscaba; aquí los niños trazan un óvalo inverso, pero siempre siguiendo el ritmo de la voz de la educadora, y sin suspender el movimiento se formará la serie:

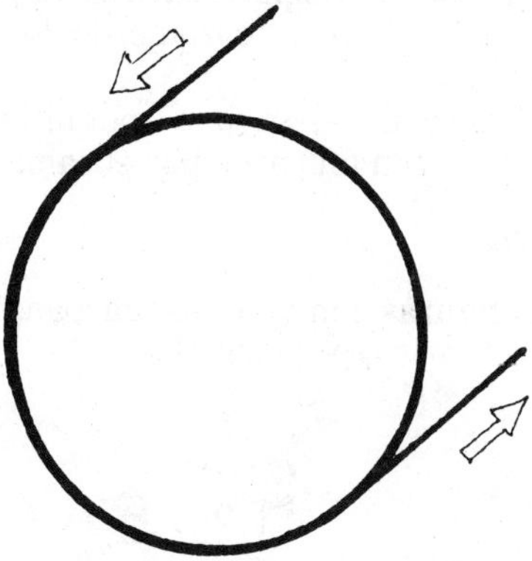

SENTIDO DEL TRAZO

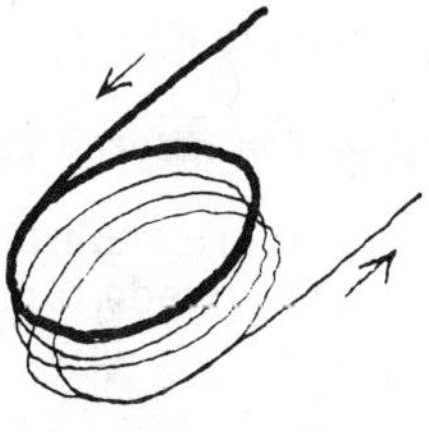

TRAZO DEL NIÑO

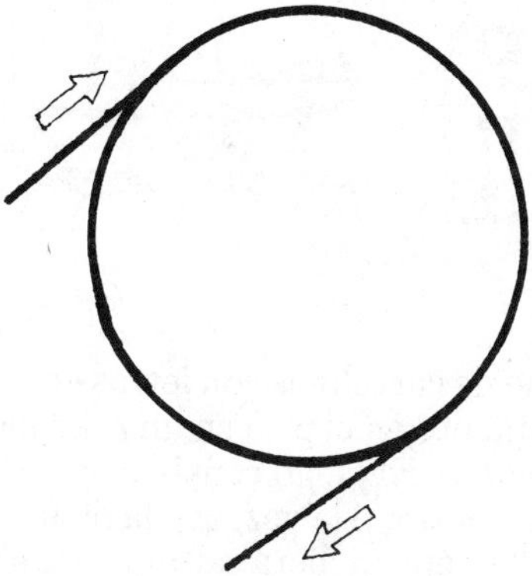

SENTIDO DEL TRAZO

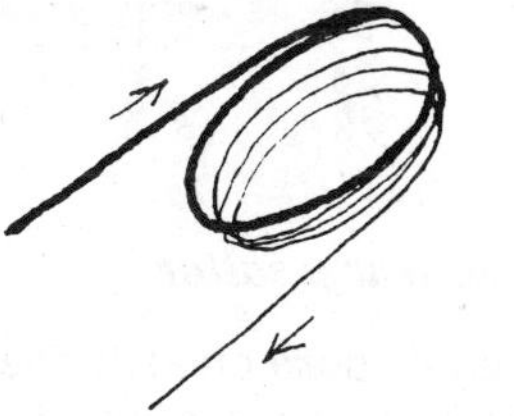

TRAZO DEL NIÑO

El paseo por el campo

La educadora les propone realizar un juego, por ejemplo, "un paseo por el campo"; el juego es imitativo y se hace en conjunto. Mientras

la maestra habla, todos deben hacer los movimientos que ella realice. Ejemplo:
Educadora:- Todos estamos en nuestra casa durmiendo (hace como que duerme sentada); los niños la imitan; educadora: hoy es el día de nuestro paseo al campo; suena el reloj, riiiiinng... ¡Qué sueño! Es muy temprano... Nos desperezamos... Bostezamos, etc.

Educadora: se hace tarde; realiza movimientos para sacarse el pijama, vestirse, mientras indica: brazo derecho e izquierdo, lo mismo con las piernas.

Los niños la imitan. Va al baño se peina, desayuna y por último, sale. El mismo ejercicio se desarrolla con un paseo por el campo.

Dibujar con diferentes elementos

La educadora realiza distintas figuras con botones, garbanzos, cerillos, etc., puede también combinarlos; por ejemplo:

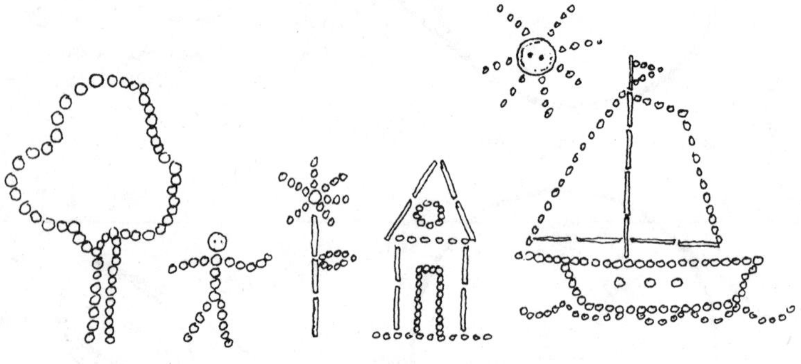

Encontrar y saltar

La educadora puede poner una serie de cartulinas con letras de diferentes colores o realizarlas directamente en el piso en un reticulado con gises también de diferentes colores. El juego consiste en que la educadora nombra a un niño y dice la letra, a la vez, que la dibuja en el pizarrón. El niño nombrado rápidamente deberá saltar sobre ella; por ejemplo: "Susanita, H", la niña saltará al cuadrado con la letra "H" y así, sucesivamente.

Lotería de letras

Jugar con distintos tableros en los cuales estén marcadas todas las letras del abecedario, también cada jugador, debe tener cartoncitos con las letras sueltas, lo mismo que el maestro; éste va sacando letras y las va nombrando y dibujando en el pizarrón.

Cada cartón debe contener muchas y diferentes letras y lo mismo los cartoncitos o fichas deben ser más de las 27 letras. Gana el niño que primero cubre todo el cartón.

***Ronda:* "*A la rueda*"**

Una rueda
muy bien hecha
vamos todos a formar
y si queda muy bien hecha
cantaremos: la, la
la, la, la, la, la, la
arriba (levantando las manos)
la, la, la, la, la, la, la,
abajo (se ponen en cuclillas y bajan las manos)
la, la, la, la, la, la
adelante (se juntan al centro)
la, la, la, la, la, la
atrás (se separan lo más posible, sin soltarse).

9. Juegos de aprestamiento para las matemáticas

Los pájaros hambrientos

Se forma a los niños en dos o tres equipos a partir de la línea de salida al frente de cada equipo, en la de llegada, una cesta con tantas bolsitas, pelotitas, cubos o bolillos de papel, etc.; como integrantes tenga cada equipo. A la voz de la educadora, el primero de cada equipo correrá hasta la cesta, tomará una miguita (bolsita), y volverá a su hilera colocándose detrás, uno por uno continúan los demás. Gana el equipo que todos sus pajaritos tengan una "miguita" y estén bien sentados.

Se debe comenzar con dos equipos e ir aumentando, a medida que los niños comprendan la mecánica del juego.

Los pajaritos dejan la comida en su nido

Se organiza igual que el anterior; se forma a los niños en dos equipos a partir de la línea de salida, y al frente de cada equipo, en la de llegada, dos cestas, en una hay que depositar la bolsita y en otra la pelota pequeña (por ejemplo): cada integrante de equipo tendrá una bolsita en una mano y en la otra una pelota pequeña; una vez, que el primero depositó los objetos vuelve corriendo y sale el segundo y así continua. Gana el equipo que deposita correctamente todos los objetos y se sienta en su lugar.

El juego de las parejas

Se forman en parejas, numeradas 1 y 2, cada una; se desplazan libremente y cada vez que el maestro dice un número; quien tenga dicho número debe sentarse y su compañero buscarlo y sentarse rápidamente a su lado.

El juego de los conjuntos

Se forma a los niños en dos o tres equipos a partir de la línea de salida, al frente de cada equipo, en la de llegada, tres aros y en un costado, mezcladas, figuras (de cartón) de triángulos, cuadrados y círculos; a la voz, de salida los primeros van y colocan dentro de cada aro (en su interior marcado con gis está la figura o se pueden marcar con gis las tres figuras), la figura correspondiente: triángulo, cuadrado y círculo; luego, inmediatamente se sientan detrás. Una vez sentado, sale recién, el segundo y así sucesivamente. Gana el equipo que no se equivoca y queda bien sentado.

El juego de las botellas

Se juega de la misma forma que el anterior, pero delante de cada equipo hay cinco botellas y un montón de pajitas, (se puede jugar con cajas y botones), etc; cada niño debe correr e introducir una pajita en cada botella y luego sentarse detrás del elemento. Una vez sentado el primero sale el segundo, el tercero, etc. Gana el equipo que realiza correctamente la correspondencia término a término y queda bien sentado.

Rompecabezas

En esta etapa se puede ejercitar la inclusión parte-todo y realizar rompecabezas de hasta diez piezas, con ensartados de mayor complejidad: 2 y 3 ejes y objetos dibujados en ambas caras.

Cantos con números

Zapatito blanco/zapatito azul

Zapatito blanco
Zapatito azul
dime cuantos años tienes tú

(contesta con los dedos el niño elegido) y luego pueden contestar con palmadas o golpeando el suelo, etc.

Cinco ratoncitos

Cinco ratoncitos
cinco ratoncitos de colita gris
mueven las orejas
mueven la nariz
1 y 2 corren al rincón
. . . .
o 1, 2 y 3 corren al rincón
o 1, 2, 3, 4 y 5 corren al rincón
. . . .
porque ahí viene el gato a comer ratón.

Se realiza todo el canto con gesto y mímica.

Los elefantes

un elefante
se columpiaba
sobre la tela
de una araña
como veía
que resistía
fue a llamar
otro elefante

(Se va contando de uno en uno hasta el número que los niños conozcan hasta ese momento).

Los cerillos y la caja

Se colocan varios grupos; delante de cada grupo hay un montón de cerillos con su cajita; el primero de cada bando, debe correr a la mesa, poner uno o más cerillos en la cajita que abrió luego cerrarla y sentarse, así sucesivamente pasan los demás. Gana el equipo que no se equivoca en la ejecución y se sienta mejor.

10. Juegos de aprendizaje y socialización

Las olas del mar

Uno de los niños se sienta en el centro del círculo, que forman los demás, apretados hombro con hombro y estrechamente unidos. Estos empujan una y otra vez, suave y rítmicamente a su compañero del centro quien se deja mover por las olas del mar. Este ejercicio genera un sentimiento de confianza en el grupo luego de que varios hayan pasado.

El barco

Un niño es el "barco" que tiene que llegar al puerto, para ello se le coloca en un extremo del patio y se le vendan los ojos. Los demás son los faros que el barco debe evitar para llegar al puerto. Cada faro emite un sonido distinto, pero constante. Los más alejados del puerto emiten sonidos graves y los más cercanos sonidos agudos. Si el "navío" choca con un faro debe volver a la salida o toca su turno a otro compañero.

Juego mímico

Este ejercicio se realiza con todo el cuerpo y sin que los niños hablen. La educadora debe sugerir el tema al principio, por ejemplo: dos niños están jugando a las canicas muy contentos y de pronto llega un tercero que quiere participar; no lo dejan y entonces este último quiere impedirles continuar; llega entonces la mamá de uno de los jugadores y lo echa, etc.

El paseo

Los niños atravesarán una puerta imaginaria, y la maestra los transportará a otro ambiente, sugiriéndoles paisajes, ruidos, objetos, cambios de temperatura, encuentros, etc. a todos los cuales deberán responder los niños. Los jugadores van en grupo, pero actúan individualmente y libremente. Más tarde, se les pregunta cómo se sentían mientras que iban sucediendo las cosas.

La fiesta

Los niños se ponen de acuerdo con la educadora y representan ser los participantes de una fiesta; cumpleaños, boda, una fiesta patria, etc. Luego se discute toda la situación social.

¿De qué familiar se trata?

Uno de los niños representa a algún miembro de su familia realizando una serie de actividades. Los espectadores deben adivinar quién es esa persona: la madre, el padre, el hermano, el mismo niño, etc. Luego se discute toda la situación.

Las figuras de las revistas

Se les dan a los niños distintas revistas para que recorten láminas interesantes o se les facilitan ilustraciones, éstos se dividen en pequeños grupos, las miran y seleccionan, luego de discutir las que más les interesan. Luego, cada grupo dramatiza su lámina, mientras el resto de los niños observa y responde. Posteriormente la educadora discute con todos los niños la dramatización.

Capítulo VI

Juegos de la etapa preescolar (segundo nivel, 5 a 6 años)

1. Juegos de motricidad

Robar las cintas

Todos los niños se colocan su cola (una cinta, pañuelo o listón) colgada del cinturón, a la voz de la educadora todos tratan de quitárselas a los otros compañeros y de impedir que les quiten la propia; no se permite sostener la cola con la mano o impedir con el cuerpo o las manos, que otro niño la tome. Gana quien conserva su cola hasta el último. Al final del juego gana quien más colas haya obtenido.

El lobo y los corderos

En un ángulo del "prado", se traza el refugio o corral y en él pastan apaciblemente todos los corderos. Muy cerca descansa un lobo.

Los corderos preguntan: "Lobo, ¿estás ahí?"

– "No"
– Lobo: ¿qué hora es?
– "Las 11 o las 10," etc.

Y se le sigue preguntando la hora, hasta el momento que el lobo contesta: "*Es medianoche*".

En ese momento, los corderos comienzan a correr hacia el corral. Los que son atrapados se convierten en hijos del lobo. Vuelve a salir el sol, y el día transcurre en calma otra vez, pero ahora habrá una familia de lobos. El juego termina cuando ya no queda ningún cordero.

Los cazadores

Los niños, distribuidos en tres o cuatro grupos; al final del patio, tres grupos con nombres de animales (se puede utilizar el juego de los animales en su refugio); otro grupo, los "cazadores," se ubica en el centro del patio, sólo pueden cazar entre dos líneas de 4 a 6 metros, marcadas en el centro del patio. Cuando la educadora nombra a un grupo, por ejemplo: liebres, conejos, o venados, éste debe correr hacia el otro extremo del patio, donde está el segundo refugio. Los "cazadores" intentarán capturar a todos los animales para colocarlo en las jaulas o refugios laterales. Posteriormente pasarán los grupos restantes, gana el que conserva mayor número de miembros, luego de varias pasadas.

Espías y detectives

Los niños divididos en dos equipos; los detectives hacen una rueda en el centro; los espías detrás de la línea de refugio. Los espías se acercan de puntitas para escuchar los planes de los detectives; pero la educadora, que ayuda a los detectives, les va informando: ya vienen..., están mucho más cerca, ya se los puede oír..., y así continúa hasta el momento que avisa: "YA LLEGARON", entonces los detectives rompen la rueda y persiguen a los espías que corren hacia su refugio en el extremo del patio.

El trompo sentado

Todos los niños corren libremente por el patio, hacia adelante y hacia atrás, en círculo, en ocho y en curva, a la señal de la educadora, hacen el "trompo"; se sientan en el piso con las piernas flexionadas y se empujan con las manos para girar. Resulta más difícil hacerlo con las piernas extendidas; levantar y bajar las piernas o flexionar y extender las piernas, etc. Para este juego se necesita que el piso esté pulido y muy limpio para que se pueda realizar. El trompo también se puede hacer sobre el abdomen: acostados boca abajo, giran en círculo. Las piernas extendidas y lo más alto posible.

El trompo de espaldas: acostados de espaldas, giran en círculos. El impulso se da con los pies.

El puente

Todos los niños en parejas corren libremente por todo el patio, en todas direcciones, en ocho, en líneas curvas y en curva, etc. A la voz de la educadora las parejas levantan tomadas de las manos para que otra pareja, pueda pasar por debajo del "puente".

La tijera

Todos los niños en parejas. *A* sentado en el piso con las piernas separadas. *B* salta sobre las piernas separadas de A. Luego A las junta y *B* salta con pies juntos, siempre rebotando, por encima de las piernas del compañero. Luego se cambia de lugar.

2. Juegos de percepción sensoriomotriz

Saludar a ciegas

Todos sentados en círculo un niño (*A*) de pie y con los ojos vendados o cerrados. Un niño del grupo se pone de pie delante de él y le dice: "Hola *A*", (dice el nombre del niño que tiene los ojos tapados) ¿Quién soy?. Si *A* no se da cuenta quién es *B*, pasa otro niño y así, continúa el juego. Luego, *A*, cambia por quien lo identificó.

Reconocer la silueta

Es necesario colgar del techo una sábana o colocarla en una puerta con lámpara o linterna detrás. El lugar debe estar lo más oscuro posible, o realizarse por la tarde o la noche.

Un grupo se sienta, mirando en dirección a la pantalla. Los demás desfilan uno tras otro frente a la luz, su silueta reflejada en la pantalla, debe ser reconocida por los otros. Luego se cambia.

Variante: un solo niño debe reconocer a los compañeros que desfilan tras la pantalla.

¿Quién es?

En parejas, el niño *A* tiene los ojos cerrados (o tapados) y deberá por medio del tacto tocar y descubrir el cuerpo y la forma como está colocado el niño *B*, decir quién es *B*. *B* debe adoptar posiciones difíciles para *A*, como por ejemplo, posición de banco, acostado en bolita, etc.

¿Qué es?

Se colocan en una colchoneta de gimnasia u alfombra, distintos tipos de objetos duros y luego se hace pasar a los niños descalzos con los ojos cerrados. Al pisarlos y por medio del tacto, deben reconocer qué es cada cosa.

Cuál es diferente

Varios niños toman una posición gimnástica cualquiera y otro la modifica muy levemente. Los demás tratan de reconocer quien tiene una posición diferente. Por ejemplo, todos de pie con los brazos y piernas abiertas y otro con los pies juntos o los brazos extendidos hacia atrás, etc.

Saludar al tacto

En parejas, el niños *A* tiene los ojos cerrados y deberá, por medio de tocar la cara y la cabeza del niño *B*, descubrir la identidad de éste. Al principio se le pueden dar tres oportunidades y luego se van reduciendo. Luego el niño *B* lo ejecuta con otro compañero, etc.

El confitero

Se hace una rueda grande alrededor del confitero (al principio representado por la educadora, luego por un niño), la rueda gira hacia la derecha y después hacia la izquierda y mientras se desarrolla el siguiente diálogo: El grupo de la rueda: ¿Confitero, qué dulces tienes para nosotros? Confitero: pasteles; rueda, ¿qué otros dulces? Confitero: chocolates (siguen dando vueltas) caramelos de menta, bombones de chocolate, chicles, etc., pero cuando contesta el confitero: "*nada*" los integrantes de la ruedas tienen que correr al refugio, antes que éste los capture.

Buscar al amigo

El grupo se distribuye en parejas libremente por todo el patio, trotan, giran hacen ochos y círculos, etc. Cuando los compañeros se identifican perfectamente y se entienden a la voz de la educadora se dispersan y corren libremente por el patio, a la nueva orden de la educadora, se deben buscar y una vez en pareja, correr nuevamente, dar un giro y sentarse, o simplemente sentarse y después continuar el juego.

Los trenecitos

Los jugadores se ubicarán en distintos lugares del patio formando hileras de cuatro o cinco integrantes. Cada grupo será un trenecito, para lo cual los alumnos apoyarán sus manos en los hombros del que está adelante, quien será el "maquinista" (o capitán del equipo) A la señal de la educadora, los trenecitos se desplazarán a voluntad dentro del campo de juego, siguiendo al "maquinista". Este será reemplazado a una orden del maestro, por el último compañero hasta que todos hayan cumplido la función de aquél.

Se sugieren al maestro las siguientes acciones:

— El tren comienza a marchar; las ruedas giran en el lugar, (elevación de la rodilla derecha y de la izquierda y apoyo del pie en el mismo lugar), con fuerza ir aumentando paulatinamente la velocidad, hasta que el tren se desplaza.

— El maquinista hace sonar el silbato (con un brazo simula tirar de una soga, imitando, a la vez el sonido, todos imitan el sonido del tren en marcha).

— El tren avanza por montañas y valles (terreno ondulado), corren y caminan de puntas lo más alto y se agachan todo lo posible alternativamente).

— El tren retrocede a veces lento y otras rápido (caminan y trotan hacia atrás).

— El tren realiza giros muy bruscos y en un momento dado se sale de las vías (dan saltos con los pies juntos y saltitos).

— El tren llega a una desviación y se separan algunos vagones (dos o tres niños se separan) y luego vuelven a juntarse, algunos vagones se enganchan a otro tren, etc.

Ganarle a la educadora

La educadora corre, camina, salta, esquiva, etc., lleva un cesto con bolsitas, que va arrojando por todo el patio de juegos. Los niños deben correr, tomar las bolsitas y volver a colocarlas dentro del cesto, tratando de que sea lo más rápido posible, de forma de que no vaya a quedar el cesto vacío.

La escondida

Un niño se tapa los ojos y voltea hacia la pared, los restantes corren a esconderse. El primero sale a buscarlos y los que son descubiertos ayudan al primero a descubrir a los demás. El ganador es el último en ser descubierto.

Hundir al barco

En el extremo de una soga o lazo largo se ata una cámara de auto (el barco) o un cajón de gimnasia o algún elemento similar; en el otro extremo, se coloca la maestra. Los niños, cada uno con una pelota, se ubican a lo largo del recorrido del "barco" y en el momento que la educadora hace avanzar el objeto (recogiendo la cuerda), los niños tratan de hundirlo haciendo puntería en el mismo.

3. Juegos para la estructuración del esquema corporal

¿Dónde fue?

Este juego se puede realizar en parejas o individualmente. Un niño se coloca de pie ante el pizarrón frente a un dibujo de su cuerpo, la educadora y después los niños se paran detrás de él. Luego la educadora o algún niño tocan al primero en cualquier parte del cuerpo, debe reproducir en la figura que "sintió" en su espalda; después que el grupo está ejercitado en el juego, se pueden realizar varios toques, para verificarlo se puede pegar un trocito de tela adhesiva en el lugar. El primer niño debe marcar con una "X" en la figura el lugar o los lugares donde considera que fue tocado.

Las palmadas

Todos los niños corren libremente y cada uno procura tocar a sus compañeros en el lugar del cuerpo que indica la educadora, por ejemplo, cabeza, espalda, pecho, brazo, pierna, nariz, dedo, pie, etc. Luego en vez de correr, se tiene que caminar sobre los talones; de puntitas, en cuatro patas, etc.

El molesto

En parejas, un compañero a un costado lo debe acompañar en todos sus movimientos manteniéndose de ese lado, por ejemplo, el de la derecha se mueve libremente y el de la izquierda debe acompañarlo manteniéndose de ese lado. Variante: lo mismo pero atrás.

El monito

El grupo de niños divididos en parejas, uno detrás del otro; el que va adelante realiza todo tipo de movimientos y gestos, tratando de ser lo más cómico posible, y el que va atrás tiene que imitarlo con la mayor exactitud.

Las sombras molestas

Cada niño libremente trata de colocarse atrás de un compañero e imitarlo, de la misma forma que el ejercicio anterior, pero ahora, los imitadores pueden ser varios.

Las cuevas de los ratones

Se divide al grupo en dos, a la mitad *A* se le pide que cierren los ojos o se les venda, y se les coloca con los brazos extendidos, las piernas separadas y tomados de la mano formando una hilera lateral, ellos representan las cuevas o madrigueras de los ratones. Al recibir la señal de la educadora, el grupo *B*, debe pasar por debajo de las piernas o entre los brazos de sus compañeros, sin tocarlos. La cueva que es tocada lo informa y el ratón pasa a ser espectador. Ganan todos los que consiguen entrar en su madriguera hábilmente, e intercambian posiciones.

El juego del espejo

Se trazan dos líneas paralelas, a una distancia de un metro. Los niños se alinean frente a frente. En cada línea debe haber el mismo número de jugadores. Al grupo de la línea *A* se le informa que son la imagen reflejada en el espejo, es decir, que deben reproducir simétricamente todos los gestos y mímicas de sus compañeros: grupo *B*.

4. Juegos de lateralidad

Refugio de colores

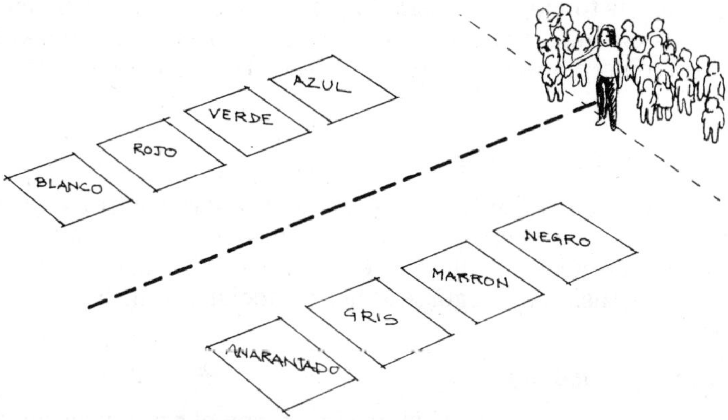

Todo el grupo sentado con la educadora, el patio se divide con una línea central y de cada lado se colocan varios refugios, por ejemplo, cuatro a cada lado, cada uno representa un color; la educadora explica a los niños en relación con el grupo izquierda y derecha; qué colores contiene cada lado; por ejemplo, derecha: azul, verde, rojo y blanco; izquierda: negro, marrón, gris y anaranjado; a la orden de la educadora, "izquierda: anaranjado, negro y marrón, los niños deben correr y colocarse en los refugios que corresponde a esos colores, se deben sentar en el refugio.

Visitar al vecino

Se hacen cuatro grupos y cada uno de ellos se ubica en los cuatro refugios, que están a su vez en cada una de las esquinas del patio de juegos; a cada equipo se le puede asignar un color: por ejemplo, verde, azul, rojo y anaranjado; a la voz de la educadora: "a la derecha," o a "la izquierda " (en caso de que le cueste darse cuenta, se usan colores nuevamente: izquierda cambian: verde y azul; rojo y anaranjado, etc.), los equipos deben correr del refugio intercambiando el lugar.

Con la izquierda con la derecha

Cada niño con un aro y una bolsita que dejan delante de ellos, libremente ubicado por todo el patio; a la orden de la maestra: "saltar y caer con la izquierda", todos deben quedar dentro del círculo parados sobre el pie izquierdo; luego la educadora puede ordenar: "tomar la bolsita con la derecha", todos tienen que elevar el brazo derecho mostrando que tomaron la bolsita con esa mano, etc.; continuar cumpliendo las distintas órdenes, resulta más complejo; mantenerse en equilibrio con el pie derecho y tomar la bolsita con la mano izquierda; etc.

Derecha o izquierda

Cada niño parado al frente de dos aros simétricos o (cartoncitos de colores, bolsitas de colores), etc. A la voz de la maestra: "saltar a la derecha o a la izquierda", deben caer en el aro o bolsita que tienen de acuerdo a la consigna. Luego, se le agrega adelante y atrás, de la bolsita, etc.

Nadar en el mismo lugar

Los niños acostados boca abajo en el piso, con el brazo y pierna derecha extendidos hacia adelante, por ejemplo; la cabeza debe mirar hacia su brazo extendido, en este caso el derecho; el brazo izquierdo flexionado al costado del cuerpo y la pierna izquierda debe estar extendida hacia atrás. Luego de mantenerse en esta posición por un segundo, el niño debe mover el brazo y pierna izquierdos hacia adelante y girar la cabeza hacia la izquierda. Se repiten estos movimientos de natación hasta lograr una buena coordinación de los ejes del cuerpo y se pueda lograr un ritmo adecuado.

Los carritos

Cada niño representa un carro y debe correr o pararse, de acuerdo a la consigna que da la educadora: rojo: pararse, verde: correr y amarillo; caminar; luego, se le agrega estacionarse del lado derecho o izquierdo, de acuerdo a cuadrados marcados con gis, que nadie debe pisar porque es la acera. Cada niño puede correr con un aro alrededor de su cuerpo.

Seguir el plano

Se forman varios equipos y cada uno debe seguir un plano con indicaciones para dar vuelta a la derecha o izquierda, salir de casa, pasar por la escuela y terminar en la plaza de juegos, etc. Se marca con gis en el suelo y los niños deben decir a la izquierda o a la derecha, etc. Se juega por grupos y se trata de ver qué grupo se equivoca menos, este juego se puede realizar también en el pizarrón del aula.

5. Juegos de ritmo, tiempo y espacio

La barca

Los niños se sientan frente a frente, por parejas, tocándose con las piernas bien abiertas y tomados de las manos, con los brazos bien extendidos. Se balancean así hacia adelante y atrás, o de costado. Utilizar distintas canciones como acompañamiento.

Por ejemplo:

Rema, rema
Boga la barca
Con fuerza (tres veces)
Pasemos las olas.

Luego este mismo "bote" se puede hacer de cuatro integrantes: Los cuatro sentados tocándose con los pies, con las piernas abiertas o juntas y tomados de la mano:

Barco que vas por el
agua del río (bis)
Barco que vas por el río
Y yo caigo al agua...

Los túneles

Las parejas se colocan una al lado de otra, con los brazos en alto juntando las manos para formar el túnel. Los últimos de la fila se agachan, pasan por debajo del túnel y al salir forman el primer puente. Después los que quedan últimos hacen lo mismo, y así sucesivamente. Todos cantan:

Mambrú se fue a la guerra
chivirín, chivirín, chín, chín
Mambrú se fue a la guerra,
no sé cuando vendrá,
ajajá, ajajá,
no sé cuando vendrá.
Vendrá para la Pascua
o para Trinidad.
La trinidad se pasa,
Mambrú no vuelve más

Mambrú se ha muerto en
guerra,
lo llevan a enterrar.
Arriba de su tumba
un pajarito va
cantando el pío, pío
cantando el pío, pío

El cazador y los pajaritos

El cazador duerme (el principio lo hace la educadora y después un niño), mientras los pajaritos se acercan.

El cazador al oírlos piar, despierta y los persigue. Los pajaritos deben correr para esconderse entre los 6 refugios marcados alrededor. El niño alcanzado pasa a ser cazador por lo que luego puede haber varios cazadores.

Patrulleros y ladrones

Dos niños son patrulleros que están vigilando la carretera. Los ladrones salen de sus refugios y deben pasar en cuatro patas por debajo de las cuatro sogas extendidas en el patio (ver figura). Al pararse son vistos por los patrulleros, quienes los persiguen hasta sus refugios, pero ahora, todos deben saltar las sogas y correr.

Los niños alcanzados pasan a ser patrulleros.

El cazador de liebres

El cazador se pasea agazapado, tratando de cazar una liebre. Éstas salen de sus refugios, pasan por los bancos suecos, cuerdas, troncos, etc., en cuadrupedia y arrastrándose por las colchonetas, saltando llantas de carro y se acercan al cazador. A la voz de la educadora: "¡cuidado, el cazador!", éste las persigue hasta sus refugios, pasando ahora por arriba de los elementos saltándolos. El niño alcanzado pasa a ser cazador.

6. Juegos de atención, memoria y deducción

Pedrín arriba y Pedrín abajo

Los jugadores se distribuirán libremente mirando al que está en el centro, (al principio la educadora). Permanecerán sentados, piernas cruzadas y apoyando los codos en las rodillas, cerrarán sus puños manteniendo elevado el pulgar a los que se llamará Pedrín o Pedrito. La educadora se ubicará al frente y dirá Pedrito arriba o abajo y cambiará la posición de sus pulgares según lo haya indicado. los demás jugadores lo imitarán cuidando que la acción corresponda a la expresada por la educadora. Ésta procurará confunfir a los alumnos (una vez que entendieron el juego) colocando sus pulgares en la posición contraria a la ordenada. Los que se equivoquen se les aplicará una "penalidad", al incurrir en tres o más errores, según lo establezca la educadora.

El director de orquesta

Todos los jugadores en semicírculo y al centro la educadora; ésta imitará a un pianista, a un trompetista, a un guitarrista, un violinista, etc., cantando o diciendo:

Antón, Antón, Antón Pirulero
Cada cual, cada cual atienda su juego,
y el que no, y el que no, pagará una prenda
(se repite varias veces)

Simultáneamente, los demás jugadores imitarán los movimientos de la educadora: las imitaciones se realizarán con rapidez tratando de sorprender al jugador que no esté atento, en cuyo caso se interrumpirá el estribillo para registrar su error.

El maestro determinará la cantidad de errores en que deba incurrir un jugador para aplicarle una "penalidad".

Adivinanzas

Blanca en mi nacimiento,
morada en mi vivir,
y me voy poniendo negra
cuando me voy a morir.

Respuesta: *La mora.*

Yo vi cien damas hermosas
en un momento nacer,
ponerse como una rosa
y en seguida perecer.

Respuesta: *Las chispas.*

Pajarito volando
con las tripas colgando
Respuesta: *Papalote*

Una yegüita mora
con riendita en la cola.

Respuesta: *La aguja.*

Té digo y té repito
que si no adivinas
no vales un pito.

Respuesta: *El té*

Negro bocón
pequeño y panzón.

Respuesta: *El mortero.*

Las cintas indicadoras

La educadora, establece un código por ejemplo: la cinta blanca: avanzar hacia adelante, la negra: avanzar hacia atrás, la azul: avanzar en punta de pie, la roja: pisar sólo con los talones, etc. . .

La educadora inventa diferentes combinaciones y puede incluso gastar alguna broma: ¡verde y negra!. . . Una prenda para todo aquel que se equivoca.

Adivinar el oficio

Dos o tres niños (al principio la educadora), se alejan del grupo y eligen cada uno un oficio. Vuelven ante sus compañeros y, mediante mímica, tratan de representarlo hasta que uno de ellos adivine; éste entonces pasa a ocupar su lugar.

Rompecabezas y ensartados

En esta etapa ya se pueden utilizar ensartados, rompecabezas y juguetes para armar, de mucha mayor complejidad que en el nivel anterior.

Juego de a tres

Todos los niños en tercetos que se numeran del uno al tres. Comienzan a jugar y las tercias una vez bien identificadas se mezclan corriendo libremente por todo el patio de juegos. Cuando la educadora dice cualquier número del uno al tres, por ejemplo, "dos", el niño que tiene este número, se sienta inmediatamente donde está; y sus dos compañeros, el 1 y el 3, deben buscarlo rápidamente y sentarse a su lado. Más adelante, continúa el juego y siguen corriendo libremente, hasta que la educadora mencione otro número.

El cartero

El niño saltando o saltando una cuerda

¡Tan, tan!
¿quién es?
el cartero
¿cuántas cartas trae?
cinco (por ejemplo)
debe saltar cinco veces.

Contando

Soy uno cuando estoy solo
y dos si tú estás conmigo
somos tres si viene algún otro amigo
cuatro las patas del perro
cinco los dedos de mi mano
y seis los años que tengo
y siete los de mi hermano
ocho pies tiene la araña
nueve son tres veces tres
y si esto, bien me lo aprendo voy a sacar un diez.

7. Juegos de expresión gráfica y aprestamiento para la escritura

El juego de las cintas

La educadora para este ejercicio tiene una cinta o pañuelo y cada niño tiene también la suya. Educadora: ahora vamos a hacer una pelota redonda, tomando la cinta con la mano derecha, dar vueltas con la cinta hacia el lado derecho, "vean la pelota: redonda, redonda; cada uno haga su pelota. Ahora somos un árbol y la cinta es la rama de un árbol y el viento la mueve arriba y abajo, . . . arriba y abajo y ahora, la otra rama, la rama izquierda, arriba y abajo, . . . arriba y abajo, la mueve el viento. Ahora dice la educadora: tenemos una viborita, tenemos que hacerla serpentear con las dos manos"; todos lo hacen. "Ahora lo que tenemos es una ventanita, tomamos la cinta por la mitad y la unimos a la otra punta; cada esquina se toma en el pulgar y el índice. Educadora: "miramos, primero con el ojo izquierdo y cerramos el ojo derecho; miramos hacia arriba, hacia abajo, al frente, al costado del lado de la puerta y al otro, etc. Luego cambiamos de ojo, importante ver las ocurrencias de los niños, que inmediatamente van a crear más movimientos.

El canguro y la liebre

La educadora relata que una vez un canguro y una liebre se encontraron en la selva y decidieron jugar una carrera para ver quién era más rápido. El canguro comenzó y fue por el campo brinca y brinca, brinca y brinca; al ritmo de brinca y brinca, los niños trazan una línea curva de izquierda a derecha, sin suspender el movimiento. Luego salió la liebre y también corre que corre y corre que corre, corre que corre; los niños repiten la serie, pero con menos convexidad.

La rana y el niño

Una vez un niño vio una rana en un charco y entonces colgó de un hilo un trapito rojo; la rana, cuando lo vio saltó para tomarlo y el niño lo levantaba y la rana no llegaba; así que la rana, saltaba y caía, saltaba y caía, . . . saltaba y caía. Cada vez que se dice "saltaba", los niños trazan una línea ascendente y "caía", una línea descendente, diez veces cada uno y luego repetir.

El avión

La educadora relata cuando vamos en un avión éste sube y sube, sube y sube. Y cuando estamos por llegar, baja y baja, baja y baja.

El pueblito

Una vez había un pueblito que al mediodía, cuando las señoras cocinaban para hacerle la comidita a los niños que venían de la escuela, el humo de las chimeneas de sus casitas subía y subía.

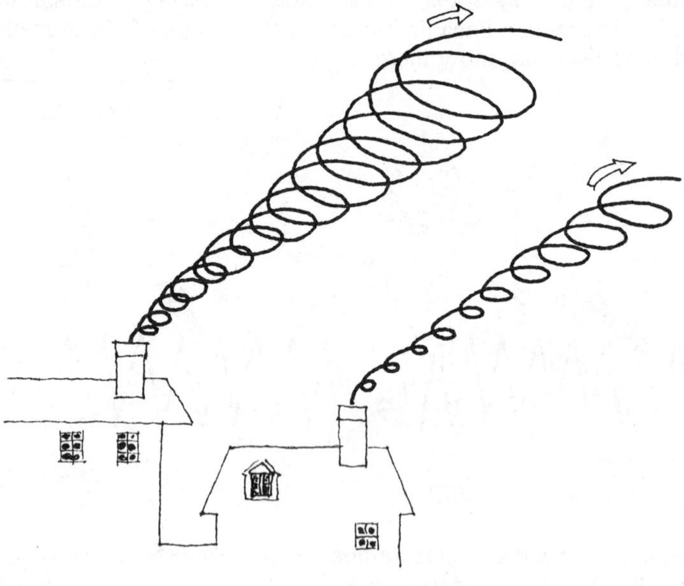

El aro de gimnasia

Cuando estamos en el campo de deportes y jugamos con el aro éste rueda y rueda, rueda y rueda.

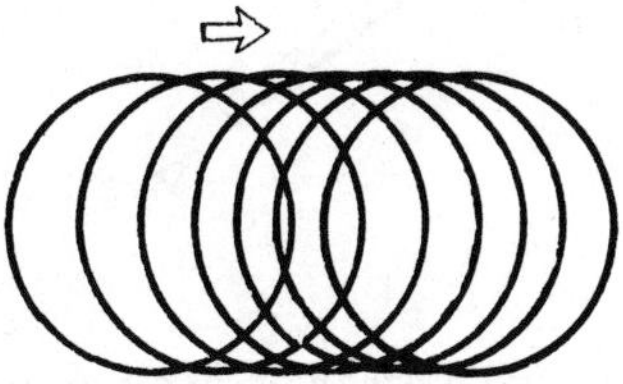

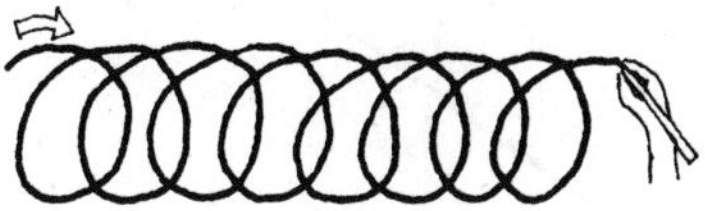

Historia de un papalote

Cuando una vez remonté mi papalote un viento fuerte llevó a mi papalote gira que gira...

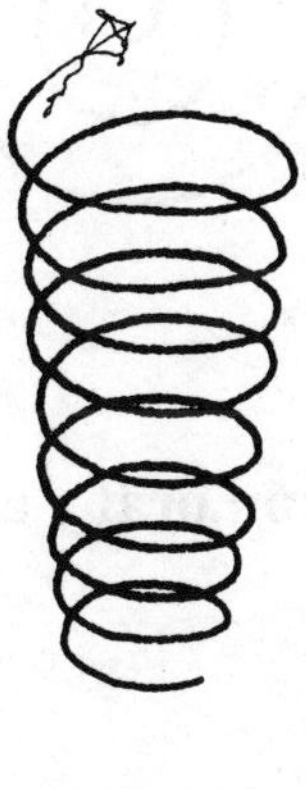

Educadora: corrí y traté de agarrarlo pero un vientito suave lo levantó apenas del suelo y lo hacia girar así:

Luego una ráfaga lo hizo subir y bajar, así:

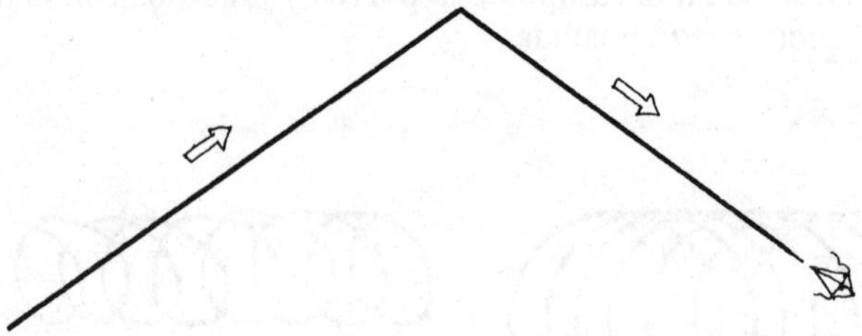

Y luego se cayó en un charquito y comenzó a girar en el agua, así:

8. Juegos de expresión oral y aprestamiento para la lectura

Dibujar cuentitos

La educadora por medio de estos juegos comienza a trabajar las relaciones entre signos visuales y significados. Por ejemplo, el niño: Juanito con su familia irá en carro a la montaña.

(Juanito) (Familia) (Carro) (Montaña)

Otro ejemplo:

A Susanita la lleva la mamá a la escuelita.

(Susanita) (Mamá y Susanita) (Escuelita)

Pedir a los niños que realicen sus propios cuentitos.

El juego de completar figuras

Se coloca el modelo y luego varias figuras del mismo modelo para completar, por ejemplo:

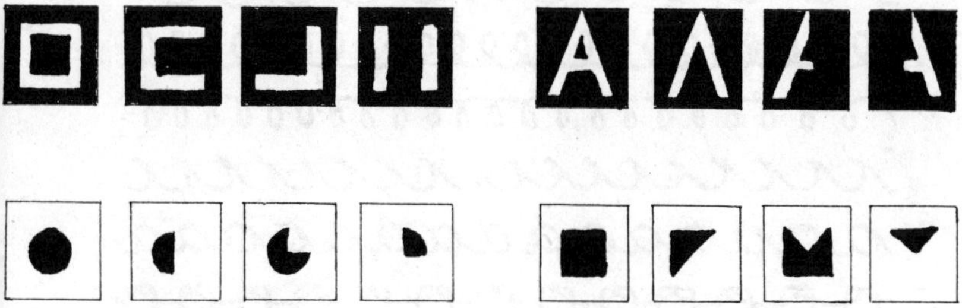

Lotería de referencias

Se dibujan por ejemplo: conejos. patitos, pajaritos, etc., los niños deben ubicarlos en los cartoncitos en relación con el plato de comida, se utilizan las nociones de adelante, atrás, derecha-izquierda, arriba-abajo; adentro-afuera.

Rondas

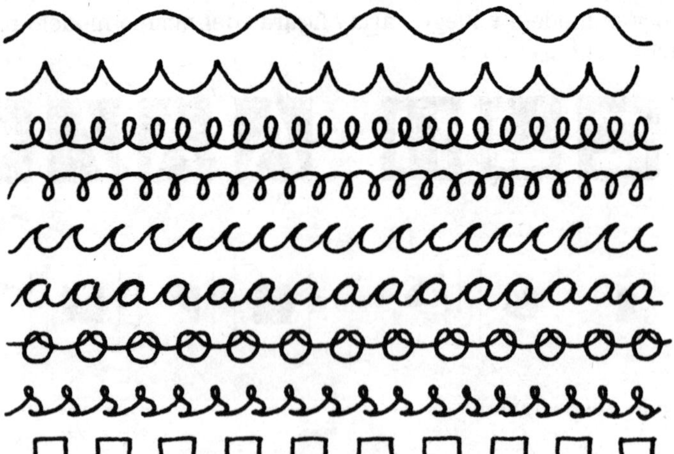

Rondas para realizar: ritmos gráficos:

"Suben y bajan las olas del mar
las unas van delante
las otras van detrás..."

Algunos ritmos gráficos ordenados por dificultad son los siguientes:

El clarinete

El clarinete
el clarinete
canta dudi, dudi, dudi
el clarinete
el clarinete
canta dudi, dudi, dei

Tengo, tengo, tengo

Tengo, tengo, tengo
tú no tienes nada
tengo tres ovejas
en una cabaña
una me da leche
la otra me da lana
y la otra mantequilla
para la semana

Decir, encontrar y repetir

A	B	C	D	E
F	G	H	I	J
K	L	M	N	O

La educadora coloca un cuadro con letras en el suelo, se le dice al niño una letra o figura; de acuerdo a las que sabe, se puede comenzar con 4 ó 5 y aumentan progresivamente a medida que se van enseñando. De acuerdo a la letra que se solicitó, el niño debe encontrarla entre dos o más letras, saltar en ella en el cuadro del piso y al mismo tiempo, repetir el nombre de la letra. Posteriormente, se puede jugar por equipos, al principio de parejas y luego se aumenta.

9. Juegos de aprestamiento para las matemáticas

Llegar a casa

Se organizan equipos de cinco niños dentro de un círculo central. En diagonal y al cabo de una distancia de nueve metros o diez se encuentra, en cada esquina la casita de cada equipo. Los niños numerados del 1 al 5. Los números 1 de cada equipo corren hacia su casa cuando lo indica la educadora y allí se sientan; sale luego el 2, 3. Gana el equipo que está primero sentado dentro de su casa.

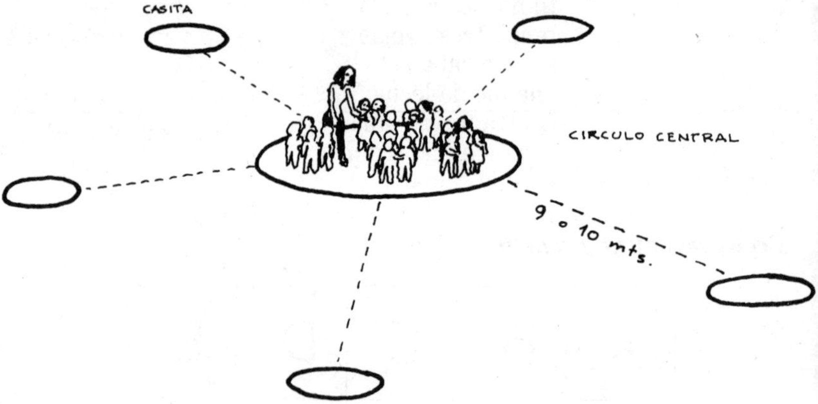

Llegar a casa de acuerdo al número

Se organizan equipos de cinco niños dentro de un círculo central igual que el juego anterior. Cada niño tiene en la mano un cartón con un número del 1 al 5. La educadora tiene también los cinco números. En cada esquina también existen las casitas, una para cada equipo. La educadora dice un número cualquiera, por ejemplo el 3, y lo muestra con su cartón. El niño que lo tiene, debe salir corriendo y sentarse en la casita mostrando el número. Gana el equipo que tuvo menos equivocaciones y que está correctamente sentado en su casita.

Llenar la cesta de números

Se juega por equipos, cada integrante tiene en un cartoncito un número del 1 al 5. Sobre la línea final y frente a cada equipo se halla una cesta vacía; tantas cestas como equipos. A la voz de salida por parte de la educadora, en orden numérico hay que salir y dejar el número correspondiente dentro de la cesta, sentándose detrás. Una vez sentado sale el que sigue. Gana el equipo que tenga menos equivocaciones y que esté correctamente sentado.

Buscar el número

Delante de cada equipo de cinco niños, una cesta llena de números con cartoncitos, del 1 al 5, a medida que aprenden se pueden agregar otros números. Los niños sentados por equipos a 10 metros de la cesta; a la orden de la educadora que muestra un número de cartón y dice el número. Los niños tienen que ir corriendo a buscarlo y volver a sentarse. Gana el equipo que menos equivocaciones tenga y mejor sentado esté.

Visitar al vecino

Equipos de cinco con su número de cartón en la mano. A la voz de la educadora, que dice por ejemplo, "número 2" y lo muestra, tiene que salir el número 2 y correr a la otra casa y saludar al número 2 de cada grupo que hace lo mismo y cada uno se queda en el lugar vacante, hasta completar la rueda.

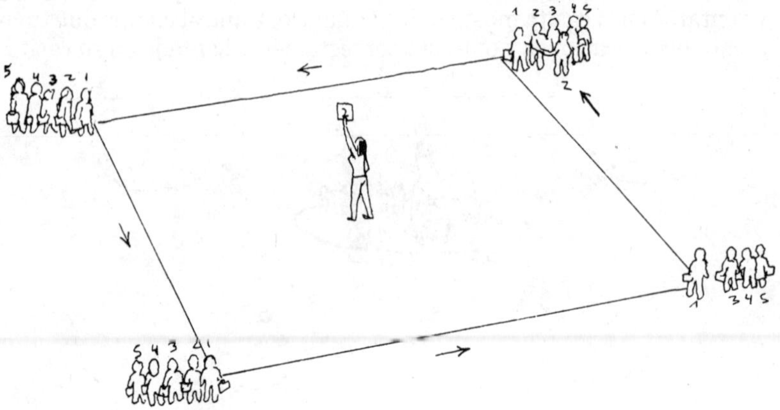

Los pajaritos ladrones

Por equipos de cinco formados a partir de la línea de salida. Sobre la línea de llegada, y enfrente de cada equipo, una cesta llena de bolsitas u otro elemento liviano. La maestra le dice un número y lo muestra a los primeros niños de cada equipo, por ejemplo, tres (no pasar de cinco), éstos tienen que llegar a la cesta y tomar tres bolsitas y volver, luego los que siguen y así continúa. Gana el equipo que menos se equivoca y que está bien sentado y en orden.

10. Juegos de aprendizaje y socialización

El cuento grupal

Uno por uno, los niños van agregando una oración, frase o una idea para formar un cuento. Una vez que se haya relatado el cuento se pueden distribuir roles para su dramatización o realizarlo por capítulos y seguir otro día, etc.

Las parejas problemáticas

Los niños en parejas representan una escena común de parejas y tratan de resolver un problema dialogando; por ejemplo, el almacenero y su cliente, a éste no le agrada la mercancía que le vende el primero. El dentista y su paciente; el primero trata de convencerlo que se deje sacar la muela.

El profesor de natación y el alumno; este último tiene miedo al agua. El peluquero y el niño; la madre de este último le dice que le corte todo el pelo y el niño no quiere.

¿Qué estoy haciendo?

Un niño realiza una mímica sencilla sugerida al principio por la maestra, ejemplo, freír una tortilla en una sartén; comer carne muy dura; jugar un partido de voleibol; etc. Luego la educadora solicita que otros vayan realizando lo mismo. Cuando todos la han hecho hasta un máximo de diez pueden hacerlo, la educadora pregunta a cada uno ¿qué es lo que estaba haciendo? Resulta muy cómico ver lo que van contestando.

Buscar la pareja

Se dividen dos grupos de diez jugadores cada uno; al primero, se le pide realizar con mímica una actividad distinta a cada uno, por ejemplo; jugar al tenis; cocinar; dibujar un cuadro; cortar madera para una mesa; etc. Al otro grupo se le informan las distintas actividades y se le dice una que le pertenece; los miembros de este último equipo tienen rápidamente que buscar a su compañero de tarea, y luego, realizar la actividad juntos.

El lobo, el pastor y las ovejas

Formados en hilera varios equipos, de 6 a 8 integrantes; uno de cada grupo es el lobo y se ubica frente a su hilera; lo enfrenta el "pastor", que con los brazos abiertos, trata de no dejarlo pasar y proteger a la última oveja, todas están tomadas de la cintura. Después de un tiempo se cambian los papeles.

Colocar lo que falta

Se dibuja el cuerpo incompleto de algún animal en la pizarra, por ejemplo: un caballo, un cerdo o un burro; después de un tiempo de observación, los niños, con los ojos vendados, tienen que añadirle lo que le falta: ojos, rabo, etc., también se le pueden agregar bigotes, sombrero, etc.

Capítulo VII

Evaluación del material de juego y perfil psicomotor

Tanto los juguetes, los elementos didácticos que se usan en los juegos, como los elementos gimnásticos con que nos podemos auxiliar, representan el objeto que genera y estimula la fantasía infantil.Los niños siempre cuentan con cualquier objeto del medio que los rodea para jugar, cualquier objeto puede satisfacer ese fin. Por esta razón los juguetes cuando menos industrializados, y mecanizados, ofrecen mayor posibilidad para desarrollar la creatividad e imaginación: un palo de escoba resulta un excelente caballo; una silla acostada puede ser un camión de pasajeros, las piedritas, las canicas, las migas de pan o plastilina, los soldaditos y los barcos se pueden construir con pedazos de madera, etc., puesto que para la imaginación infantil no existen límites y los objetos pueden transformarse infinitamente.

Después de las investigaciones psicoanáliticas de Winnicott, ya nadie discute la importancia que tiene el juguete para el desarrollo de la efectividad infantil. Asimismo, la industria del juguete ha penetrado en el hogar y cuenta con un mercado excepcional. Lamentablemente los juguetes que se ofrecen, no son siempre educativos, por lo que, no debemos olvidar que se abra al niño la posibilidad de exploración para su desarrollo psicológico, si puede hacer sus propios juguetes. Es importante aclarar que no se habla de técnicas sino, por el contrario, de realizarlos de acuerdo a su fantasía. La escuela brinda una gran aportación en ese sentido.

De cualquier forma, cuanto más se estímule a los niños, superiores serán los resultados. Las tendencias pedagógicas nuevas, enfocan la experiencia infantil en el principio educativo de "hacer con las cosas". Los trabajos manuales, la jardinería, la carpintería, el dibujo, y todo tipo de actividades centradas en los intereses y necesidades de los niños, contribuyen al desarrollo cognoscitivo infantil. Didácticamente, abren la posibilidad que señala Piaget, desde el punto de vista intelectual, de ir de formas concretas e irreversibles, a formas cada vez más complejas, abstractas y reversibles.

Materiales para los juegos

Los materiales pueden ser de todo tipo y características, depende de la facilidad de su obtención, del costo y las posibilidades de su construcción.

Algunos de los materiales contemplados en los juegos anteriores son:

Costal o bolsita: de tela resistente, rellena con arroz, lenteja, maíz, frijol, etc. medidas: 10 × 15 cm. ó 20 × 25 cm.

Bastón: de palo de escoba, cortado (nunca debe tener filo), de 80 cm. ó de 90 cm.

Aros: de 80 a 90 cm. de diámetro, se hacen, ensamblando 2.50 ó 3.00 mts. de poliducto de 3/4 de pulgada (el ensamble se realiza con una cuña de madera cilíndrica).

Pelotas pequeñas: de esponja o de tennis, son fáciles de obtener y posibilitan una gran variedad de trabajos para el desarrollo de la coordinación ojo-mano u ojo-pie, etc.

Pelotas: que tengan un buen bote; pueden ser de goma o plástico, de 25 cm. como mínimo, deben ser fáciles de tomar por el niño.
También se pueden utilizar pelotas grandes, estos elementos permiten ejercitar la coordinación, mejorando las destrezas que serán la base de gran cantidad de gestos que necesitará el niño posteriormente en los deportes con pelota.
Las pelotas por sus características son muy interesantes para el niño porque brindan la posibilidad de botarlas, lanzarlas, manipularlas, patearlas, rodarlas, etc.

Globos grandes: de distinto tipo y tamaño, de los que se adquieren comercialmente.

Discos de cartón: de distinto tamaño y tipo, por ejemplo de 30 cm. de diámetro, también, se pueden utilizar platos desechables de cartón.

Ladrillos o rectángulos de madera: de aproximadamente: 15 × 25 ó 20 × 30 cm. v de 3/4 ó una pulgada de espesor.

Cuerda individual o mecate: de 3 mts. de largo y 5 a 10 mm. de espesor.

Cuerda larga: 20 ó 15 mts. de largo, puede realizarse uniendo varias cámaras de bicicleta o con una larga franja de goma de una cámara de llantas, cortada en espiral. De este material resulta mejor, para la seguridad de los niños, puesto que al engancharse cede y no les hace perder el equilibrio.

Cubos de madera o cartón: los cuadros de 20 cm. de lado, se pueden utilizar de diferentes medidas, de acuerdo al trabajo a realizar.

Figuras geométricas de cartón: en colores diferentes, círculos, triángulos, rectángulos, de diferentes tamaños.

Papel para dibujar, lápices de colores, gis, pizarrón, etc.

Abecedario: hecho de cartón, y de diferentes colores y tamaños, es de mucha utilidad contar con este material, las letras se pueden pegar en cubos para diferentes juegos.

Números de cartón: de ser posible, en diferentes colores y tamaños.

Diversos materiales: plástico, plastilina, yeso, barro, arena, etc. de acuerdo a las necesidades y posibilidades.

Llantas de automóvil: en desuso.

Troncos y planos inclinados: de madera, etc.

Colchonetas de gimnasia.

Pañuelos o tiras de cualquier tela de colores.

Banderines: de 0.75 cm.

Silbato: para dirigir los juegos.

En muchas ocasiones, tanto los padres como los maestros, se encuentran ante la problemática de informar o considerar el juego o el material de juego de acuerdo a su valor educativo. Expondremos algunos criterios que pueden ser útiles para la evaluación de los juegos o para la construcción de materiales que den apoyo para su adquisición, si es necesaria.

1. Evaluación de las características del material de juego

- Si es similar a otros o es original: . . . .
- Si favorece el esfuerzo independiente y creador . . . .
- Si está construido para resolver algún problema específico. ¿Cuál? . . . .
- Si requiere, por parte del niño, ingenio y originalidad para solucionar el problema que presenta . . . .
- Si tiene muchos propósitos . . . .
- Si tiene variedad de usos . . . .
- Si tiene usos progresivos . . . .
- Si tiene algún elemento inesperado que debe descubrirse . . .
- Si permite el desarrollo de un actividad más progresiva que repetitiva . . . .
- Si tiene usos repetitivos. ¿Cuáles?

— Si es adecuado para la edad que se recomienda ....
— Si es atractivo y motivador para el niño ....

2. Evaluación de la interacción social de los juegos

— Si el juego conduce por sí sólo a la interacción ....
— Si para ser eficaz requiere más de un niño ....
— Si favorece los sentimientos egoístas o sociales ....
— Si permite la descentralización del niño ....
— Si ayuda al egocentrismo infantil ....
— Si desarrolla el juicio crítico ....
— Si favorece la sensibilidad estética ....
— Si respeta los intereses infantiles ....
— Si por sí mismo permite actuar en la vida real ....
— Si permite generar situaciones imaginarias ....

3. Evaluación de los juegos desde el punto de vista del aprendizaje

— Si requiere un mínimo de práctica y experiencia ....
— Si requiere de mucha práctica y experiencia para cumplir con su finalidad ....
— Si favorece la expresión verbal y permite al niño formular preguntas o realizar comentarios ....
— Si favorece el conocimiento del color (rojo, verde, azul), forma (redonda-cuadrada, rectangular-ovalada) tamaño (largo-corto) ....
— Si favorece la orientación, (atrás-adelante), (arriba-abajo), (izquierda-derecha) ....
— Si favorece el conocimiento de la distancia, (cerca-lejos) . . .
— Si facilita el conocimiento del espacio ....
— Si facilita el conocimiento del tiempo, por medio de actividades rítmicas ....
— Si favorece el desarrollo del concepto lógico-operativo de número y cantidad ....
— Si lo inicia en la teoría de los conjuntos con ejercicios de agrupación, identidad, categorías, seriación, inclusión . . . .

4. Evaluación de las formas lógicas

— Si permite el análisis, cuando se necesita atender determi-

nados detalles o buscar en un todo, los elementos que lo constituyen ....
— Si permite la síntesis, cuando las partes deben combinarse lógicamente para formar un todo ....

5. Evaluación de las formas deductivas y mnémicas

— Si desarrolla la memoria por ser un material que al retirar determinadas piezas, obliga a recordar dónde estaba. .....
— Si desarrolla los procesos del pensamiento, por ser un material que obliga a recordar cómo se van realizando los distintos pasos ....
— Si desarrolla la deducción por obligar a inferir y a descubrir lo común, lo distinto, las diferencias o errores, etc. ....
— Si favorece la autocorrección, que permite rectificar los errores ....

6. Si requiere ayuda del adulto

— Mínima: cuando el material, por sí solo, permite al niño adquirir conocimientos y destrezas ....
— Inicial: cuando los padres o la maestra deben alentar al niño sobre un determinado aspecto y luego se le deja solo ....
— Espóradica: cuando sólo se guía al niño en determinados pasos de la operación ....
Constante: cuando la interacción es continua y necesaria entre el niño y los adultos ....

7. Tipo de estímulo psicomotriz que brinda, el juego o el material de juego

A-*Sensoperceptivo:*
Visual: Si llama la atención por algún color en especial...........
Si llama la atención por su tamaño en especial...........
Si llama la atención por su forma en especial ....
Auditivo: Si es útil para el desarrollo del lenguaje ....
Si favorece el juego de palabras ....
Si permite lograr el desarrollo auditivo ....
Si permite favorecer el desarrollo del ritmo ....
Si favorece el desarrollo de la reproducción de estructuras temporales (estructuras rítmicas), repetición de sonidos, golpes, etc. ......

Táctil: Si llama la atención por el material en que está realizado: por ejemplo, madera, plástico, acrílico, peluche, acero, etc ....
Resulta: áspero, suave, cálido, frío, húmedo, seco, rugoso, crujiente, etc ....
Olfativo: si cuenta con algún olor, y características del mismo, sí resulta mas o menos agradable su olor ....
B-*Motriz:*

Si favorece el desarrollo del movimiento ....
Si es útil para la ejercitación de los grandes músculos ......
Si favorece la coordinación fina ojo-mano y ojo-pie ....
Si es útil para la estructuración del esquema corporal ......
Si favorece la lateralidad ....
Si ejercita el equilibrio ....
Si ofrece seguridad ....
Si ejercita la respiración y el desarrollo pulmonar ....
Si favorece el control corporal ....

Para favorecer el conocimiento de los juegos y considerar si están adecuados a la edad del desarrollo infantil, brindamos el siguiente perfil.

Perfil psicomotor en la etapa maternal y preescolar

Edad	Actividad física
Coordinación dinámica general	
2 años	— Puede subir las escaleras, juntando los pies en cada escalón. — En un banco de 15 cm. de alto, situado al lado de la pared, puede subir y bajar, apoyándose. — Seis meses después puede: saltar hacia adelante con los dos pies juntos.
3 años	— Salta sobre una cuerda colocada en el suelo. — Sube las escaleras alternando los pies. — Seis meses después las baja, alternando los pies. — Camina sobre los talones.
4 años	— Puede saltar ocho veces en el lugar con las piernas juntas, continuamente. — Seis meses después, salta separando y juntando las piernas.
5 años	— Con los pies juntos, salta por encima de un obstáculo de 20 cm. de altura. — Seis meses después, salta con impulso (carrera y salto coordinadamente). — Puede mantener un objeto en equilibrio sobre la cabeza.
6 años	— Lanza una pelota contra la pared y la vuelve a recoger. — Puede saltar sobre una pierna y avanzar a la vez.
Coordinación fina ojo/mano	
2 años	— Puede construir una torre con cuatro cubos, de aproximadamente 25 mm. de lado. — Seis meses después, lo puede hacer con seis cubos — Puede quitar el papel a un dulce o caramelo.
3 años	— Puede hacer un puente con tres cubos (no importa que no los deje simétricamente equilibrados). — Seis meses después, lo puede hacer correctamente. — Puede hacer un collar, pasando botones o fideos pequeños por un hilo.
4 años	— Puede enhebrar una aguja.
5 años	— Puede hacer un nudo con cordones de zapatos, en un lápiz, o en el dedo del educador.
6 años	— Se puede atar perfectamente los cordones de sus zapatos.

Edad	Actividad
Lenguaje	
2 años	— Puede enunciar frases de dos palabras, por ejemplo: "mamá no está", "está afuera", etc.
3 años	— Puede repetir una frase simple de seis o siete sílabas, por ejemplo, "yo tengo un gatito pequeño" o "el perro corre tras el auto".
4 años	— Puede recordar frases como: "a mi amigo Pablo le gusta jugar al beisbol" o "vamos a comprar el pan para mamá".
5 años	— Puede recordar frases con la siguiente estructura: y luego repetirlas: "Roberto se divierte jugando al beisbol con su hermano" o "Susana va a hacer un castillo en la arena."
Socialización y juego	
2 años	— Aunque juega con otros niños de su edad, —juegos paralelos—, su acción es individual. — No diferencia lo propio de lo ajeno. — Puede llevar o traer objetos que se le piden.
3 años	— Aunque es muy dependiente de los adultos que le rodean, inducido puede distraerse solo. — Comienza a ser capaz de ordenar algunas de sus pertenencias, (juguetes, ropa) y respetar órdenes y controlar ciertas situaciones peligrosas.
4 años	— Se interesa en realizar pequeños trabajos domésticos. — Recita, canta, baila, para poder agradar a los demás. — Coopera socialmente en el juego con otros niños.
5 años	— Se integra socialmente al grupo preescolar. — Por influencia del medio, puede llegar a tomar parte en juegos competitivos, pero sin entenderlos y resulta muy poco educativo para su personalidad. — Se interesa por las actividades de los niños mayores, y puede llegar a tomar parte en juegos de emulación. — Protege y orienta a los niños más pequeños que él.

Estos indicadores pueden resultar muy importantes para los padres o para todos los que se ocupan de las tareas de los niños en esta edad, a la vez, que permite realizar una planificación de actividades de juegos que oriente los logros alcanzados y, en cierta medida, se pueda contar con un perfil psicomotriz que permite evaluar los avances.

Los juegos y los juguetes, son tan necesarios al niño como el alimento y el descanso. Debe concedérseles, toda la importancia que merecen.

El juego del niño es su trabajo. El juego es el cristal a través del cual podemos descubrir los sentimientos íntimos del niño. Los juguetes son las herramientas del juego-trabajo del niño, por medio de esta actividad el niño se siente feliz y canaliza sus energías en formas constructiva y creadora.

El impulso natural del juego nace, como la mayoría de los actos humanos de una necesidad. Hoy en día se conoce profundamente el inmenso valor de la actividad *lúdica* en sus diversas manifestaciones; por lo tanto, es esencial encauzarla desde la niñez, para que rinda plenamente en la vida infantil, para que produzca un ser humano feliz, un niño con una conducta normal, con alegría de vivir, con grandes afectos y posibilidad de expresarlos, con capacidad de comunicarse y convivir con sus compañeritos, con desahogo de sentimientos, con inclinaciones estéticas y con libertad de crear, pensar y de expresión. En una palabra un ser creativo y libre.

Guía literaria para los padres

Para niños de 3 a 4 años

Cartosio, E., *Tonticanciones para grillito* Ed. Hachette, Argentina
Malinow, Inés *Versitos para caramelo* Ed. Ciordia, Argentina
Soler, Carola *El pájaro Pito y otras cosas* Ed. Aguilar, España
Walsh, María Elena *Zoo loco* Ed. Luis Fariña, Argentina

Para niños de 4 a 5 años

Barrie, J. *Aventuras de Peter Pan y Wendy* Ed. Juventud, España
Bartolozzi, S. *Aventuras de Pinocho* Ed. Gane, España
Fabulandia Ed. Códex
Historias de animales Ed. Trillas, México
Los cuentos del abuelo Ed. Trillas, México
Los cuentos de Francisca Ed. Trillas, México
Los cuentos de Laura Ed. Trillas, México
Margarita cuentacuentos Ed. Trillas, México
Ojos abiertos Ed. Trillas, México
Parvulandia Fernández Editores, México
Pre pri signo y forma Fernández Editores, México

Para niños de 5 a 6 años

Carroll, Lewis *Alicia en el país de las maravillas* Ed. Concepto, México
Collodi, Carlo *Pinocho* Ed. Concepto, México
Costal de cuentos Ed. Concepto, México
Cuentos de Andersen Ed. Concepto, México
Jiménez, Juan Ramón *Platero y yo* Ed. Concepto, México
Kipling, Rudyard *Precisamente así* Ed. Juventud, España
Matute, Ana María *El saltamontes verde* Ed. Lumen, España

CANCIONEROS

Mendoza, Vicente T. *Lírica infantil de México* Ed. Fondo de Cultura Económica, México
Naranja dulce Ed. Colegio de México, México

Bibliografía

Psicología y pedagogía

Aberastuy, Armida. *El niño y sus juegos.* Buenos Aires, Paidós, 1968.

Abernethy, Gillard, Cowley, Whiteside, *Saltar y brincar. Manual de actividades motrices para desarrollar el equilibrio y coordinación.* Editorial Médica Panamericana. Buenos Aires, 1978.

Aebli, Hans. *Una didáctica fundada en la psicología de Jean Piaget.* Buenos Aires, Kapelusz, 1958.

Ajuriaguerra, J. *Manual de psiquiatría infantil.* Barcelona, Toray Masson, 1980.

Ajuriaguerra, Bresson, Fraisse y otros. *Psicología y epistemología genéticas. Temas piagetanos.* Buenos Aires, Kapelusz, 1976.

Aubin, Henry. *El dibujo del niño inadaptado. Estructura.* Barcelona, Laia, 1980.

Ausubel, David P. *Psicología educativa: Un punto de vista cognoscitivo.* México, Trillas, 1976.

Axline, Virginia M. *Terapia del juego.* México.

Bally, Gustav. *El juego como expresión de libertad.* México, Fondo de Cultura Económica, 1958.

Bandet J., Abbadieu. Cómo enseñar a través del juego. Barcelona, Ed. Fontanella, 1975.

Battro, Antonio M. El pensamiento de Jean Piaget. Buenos Aires, EMECE, 1969.

Bauzer Medeiros, Ethel. *Juegos de recreación.* Ed. Ruy Díaz. Buenos Aires, 1961.

Beniers, Elizabeth. *El juego del preescolar.* México, Trillas, 1986.

BEAR, R.M. *Psicología evolutiva de Piaget.* Buenos Aires. Kapelusz, 1971.

Bergeron, Marcel. *Psicología de la primera infancia.* Barcelona, Luis Miracle, S. A., 1967.

Berges, J. e I. Lezine. *Test de imitación de gestos.* Barcelona, Ed. Toray-Masson, 1975.

Bigge, M. y Hunt, M. P. *Bases psicológicas de la educación.* México, Trillas, 1971.

Bigge, Morris I. *Teoría de aprendizaje para maestros.* México, Trillas, 1976.

Bleger, Jóse. *Psicología de la conducta.* Buenos Aires. Eudeba, 1963.

Braunstein, Pasternac y Benedito. *Psicología, ideología y ciencia.* Buenos Aires. Siglo XXI, 1975.

Bringuer, J. C. *Conversaciones con Piaget.* Barcelona. Ed. Gedisa, 1977.
Brunner, Jerome. *El habla del niño.* Buenos Aires. Paidos, 1986.
Bucher, H. *Trastornos psicomotrices en el niño: Práctica de la reeducación psicomotriz.* Barcelona. Editorial Toray-Masson, 1976
Bucher, H. *Estudio de la personalidad del niño a través de la exploración psicomotriz.* Barcelona. Ed. Toray-Masson, 1976.
Carmichael, L. y otros. *Psicología de las edades de la vida fetal a la madurez.* Buenos Aires. Editorial Paidós, 1967.
Castellanos, Marie C. *El juego en la educación y en la terapéutica de subnormales.* Ed. La Prensa. Médica Mexicana, 1973.
Castro, de Amato, Laura. *Centros de interés renovados.* Argentina. Kapelusz, 1971.
Cassandra, E. y Rincón, B. *La imagen corporal: su valor psicológico,* México, Pax-México, 1971.
Companon, G. y Thomet M. *Educación del sentido rítmico.* Buenos Aires, 1975.
Coste, Jean Claude. *La psicomotricidad,* Ed. Hemul. Buenos Aires, 1978.
Creatty, Bryant. *Desarrollo intelectual. Juegos activos que lo fomentan.* Editorial Pax-México, 1984.
Juegos didácticos activos. Ed. Pax-México, 1981.
Juegos escolares que desarrollan la conducta. Ed. Pax-México, 1974.
Conafe. *Cómo aprendemos a leer y escribir.* Consejo Nal. de Fomento Educativo, 1985.
Conafe. *Aprender jugando.* México, Consejo Nacional de Fomento Educativo, México, 1984.
Cueli, José y Lucy Reidi. *Teorías de la personalidad.* México, Trillas, 1981.
Chanes Sánchez, Ma. Helena, Rocha Pellon Magdalena. *Organización de jardines de niños.* Imprenta Minerva. México, 1963.
Chateau, Jean. *Psicología de los juegos infantiles.* Buenos Aires. Kapelusz, 1971.
Chávez, Rafael. *Juego al aire libre.* Ed. Doncel. Madrid, 1965.
Chomsky, Noam, Jean Piaget. *Teoría del lenguaje. Teorías del aprendizaje.* Editorial Crítica. Barcelona, 1983.
Danoff, Judith, Vicky Breitbart y Elinor Barr. *Iniciativa con los niños.* México. Trillas, 1981.
Debesse, Maurice. *Psicología del niño desde el nacimiento hasta la adolescencia.* Biblioteca Nova de Educación. Buenos Aires. Editorial Nova, 1959.
Deval, Juan A. *El animismo y el pensamiento infantil.* Madrid. Siglo XXI, 1975.
DEP *La enseñanza de la lecto-escritura en las escuelas primarias de la Cd. de Toluca,* Ed. DEP, 1979.
Descordes, V. *El jardín de infancia en la escuela Decroly.* Bélgica. Ed. CIREB. 1957.

Díaz, Roig y Ma. Teresa Miaja. "*Naranja dulce, limón partido.*" Antología de la lírica infantil mexicana. El Colegio de México, 1982.
Dolto, Francoise. La dificultad de vivir. Argentina. Editorial Gedisa, 1985.
Ferreiro, Emilia, Margarita Gómez. *Nuevas perspectivas sobre los procesos de lectura y escritura.* México, Siglo XXI, 1982.
Ferreiro, Emilia, Ana Teberosky. *Sistemas de escritura en el desarrollo del niño.* México, Siglo XXI, 1979.
Fetz, F. Kornell, E. *Tests deportivos motores.* Buenos Aires. Kapelusz, 1966.
Fingerman, Gregorio. *El juego y sus proyecciones sociales.* Ed. El Ateneo, Buenos Aires, 1970.
Flosdorf, Reider. *Deportes y juegos en grupos.* Buenos Aires, Kapelusz, 1979.
Fraisse, P. y Piaget J. *La inteligencia: tratado de psicología experimental No. 7.* Buenos Aires, Paidós, 1973.
Fraisse, P. y Piaget J. *Aprendizaje y memoria: tratado de psicología experimental No. 4. Buenos aires,* Paidós, 1973.
Funes, Diego. *Cómo jugar y divertirse con los niños en largo viaje en coche.* Altalena Editores. España, 1980.
Furth, H. G. *Las ideas de Piaget: su aplicación en el aula.* Buenos Aires Kapelusz, 1971.
Furth, H. G. y Wachs, H. *La teoría de Piaget en la práctica.* Buenos Aires. Kapelusz, 1978.
Gedovius, Ela. *Vamos a jugar.* Edamex, México, 1986.
Gesell, Arnold y otros. *El niño de 5 a 6 años.* Biblioteca del Educador Contemporáneo No. 56, Buenos Aires, Paidós, 1978.
Gesell, Arnold y C. Amatruda. *Diagnóstico del desarrollo-normal y anormal del niño.* Buenos Aires. Paidós, 1966.
Gili, Edgardo, P. O'Donnell. *El juego. Técnicas lúdicas en psicoterapia grupal de adultos.* Ed. Gedisa. Barcelona, 1979.
Gómez, Germán Rafael. *Teoría piagetana del aprendizaje.* Ediciones de la revista del Instituto de Investigaciones Educativas. Buenos Aires.
González Sarmiento, Luciano. *Psicomotricidad profunda.* España Ed. Miñon, 1982.
González Amat. E. Unidades. *Didácticas de la enseñanza preescolar. Ed.* TEIDE. España, 1971.
González Salazar, Judith del Carmen. *Cómo educar la inteligencia del preescolar.* México, Trillas, 1985.
Gorman M., Richard. *Introducción a Piaget.* Buenos Aires. Paidós, 1975.
Gratiot, Helene, Alphandery y René Zazzo. *Tratado de psicología del niño.* Madrid, Ed. Morata, 1984.
Grimber, Jacobo y Zylberbaum. *Psicología del aprendizaje.* México, Trillas, 1976.
Hetzer, Hiedegard. *El juego y los juguetes.* Buenos Aires. Kapelusz, 1978.

Huttenlocher, Janellen. *El desarrollo de la inteligencia en el niño pequeño y en el preescolar.* Argentina. Paidós, 1974.

Inhelder, B. *Aprendizaje y estructuras del conocimiento.* Madrid. Morata, 1975.

Inhelder, Barbel y Piaget, Jean. *El diagnóstico del razonamiento en los débiles mentales.* Barcelona. Nueva Tierra, 1971.

Isaacs, Susan. *Psicología de la edad preescolar.* Buenos Aires. Psique, 1969.

Jiménez, Jaime. *Método antidisléxico para el aprendizaje de la lecto-escritura.* Imprenta Pablo López. Madrid, 1969.

Kaminsky, Gregorio. *Socialización.* México. Trillas, 1981.

Kohler, Kethe. *El desarrollo motor en la edad preescolar.* Buenos Aires, Ministerio de Cultura y Educación: administración de educación física, deportes y recreación, 1972.

Koupernik, C. *Desarrollo psicomotor de la primera infancia.* Barcelona. Luis Miracle, 1964.

Lapierre, Andre. *Educación psicomotriz en la escuela maternal.* Barcelona. Ed Científica-Médica, 1981.

Lapierre, Andre y Bernard Aucouturier. *Simbología del movimiento: psicomotricidad y educación.* Barcelona. Ed. Científica-Medica, 1971.

Larange, G. *Educación psicomotriz-guía práctica para niños de 4 a 14 años.* Barcelona. Ed. Fontanella, 1978.

Lee, Carol y Rosario Ahumada de Díaz. *Movimiento y expresión en la edad preescolar.* México. Trillas, 1983.

Le Boulch, Jean. *La educación psicomotriz en la escuela primaria.* Argentina. Paidós, 1986.

Lourdes, J. *Educación psicomotriz y actividades físicas.* Barcelona. Ed. Científica-Médica, 1973.

Lebovici, S. y R. Diatkine. *Significado y función del juego en el niño.* Ed. Proteo. Buenos Aires, Argentina. 1969.

Miri, A. *Vamos a jugar.* Buenos Aires. Ed. Vertical XX, 1967.

López, Rafael Ernesto y Maier Henry. *El niño y su inteligencia.* Caracas. Monte Avila Editores, 1973.

Meinel, Kurt. *El aprendizaje motriz.* Montevideo. Olimpia, 1974.

Molina de Costallat, Dalila. *Psicomotricidad: la coordinación visomotora y dinámica manual del niño infradotado.* Buenos Aires. Losada, 1969.

November, Janet. *Experiencias de juego con preescolares.* Ed. Morata. Madrid. 1983.

Oñativia V., Oscar. *Método integral para la enseñaza de la lecto-escritura inicial.* Argentina. Ed. Humanitas, 1974.

Oñativia V., Oscar, L. Yolanda B. de Baffa Trasci. *Método integral para el aprendizaje de la matemática inicial.* Argentina. Ed. Guadalupe, 1983.

Ostorrieth, P. *Psicología infantil: de la "edad bebé" a la madurez infantil.* 4a. Edición Madrid, Morata, 1974.

Pérez Oliveros, Enrique. *Manual de juegos.* Ed. Mosca Hnos. Montevideo, Uruguay.

Piaget, Jean. *El criterio moral del niño.* Barcelona. Editorial Fontanella, 1971.

El derecho a la educación en el mundo actual. Montevideo, Aula, 1971.

El nacimiento de la inteligencia en el niño. Madrid, Aguilar, 1969.

Estudios sociológicos. Barcelona, Editorial Ariel, Colección Demos. 1977.

Estudios de psicología genética. Buenos Aires. EMECE, 1973.

La construcción de lo real en el niño. Buenos Aires. Nueva Visión, 1976.

La epistemología del tiempo. Buenos Aires. El Ateneo, 1971.

La formación del símbolo en el niño. México. Fondo de Cultura Economica, 1961.

Psicología de la inteligencia. Buenos Aires. Psique, 1972.

Psicología del niño. Madrid. Morata, 1971.

Psicología y pedagogía. Barcelona. Ariel, 1971.

Seis estudios de psicología. Barcelona. Seix Barral, 1969.

Piaget, Jean y Hellerj. *La autonomía en la escuela.* Buenos Aires. Ed. Losada. 1968.

Piaget, Jean y Wallon, H. *Los estados en la psicología del niño.* Buenos Aires. Lautare, 1963.

Picard, M. *La elocucion en el vocabulario en los primers grados.* Argentina. Kapelusz, 1965.

Rossel, Germaine. *Manual de educación psicomotriz: para niños de cinco a diez años de edad mental.* Barcelona. Toray-Masson, 1971.

Schmidt, Gerhard. *Curso sobre gimnasia natural.* Editado por la Sub-comisión de Prensa del INEF, 1960.

Schulz, Helmut. *Educación física infantil y matrogimnasia.* Buenos Aires. Kapelusz, 1975.

Sánchez Hidalgo, Efraín. *Psicología educativa.* San Juan, Editorial Universitaria de la Universidad de Puerto Rico, 1955.

Scweber, Milton y Jane Raph. *Piaget en el aula.* Argentina. Ed. Huemul, 1981.

Seybold-Brunnhuber, Annemaire. *Practicar y jugar con el aro.* Buenos Aires. Kapelusz, 1975.

Simpson, Dorothy M. *Aprendiendo a aprender.* México, Ed. Diana, 1976.

Sinclair de Zuart, Hermina. *Adquisición del lenguaje y desarrollo de la mente.* España. Ed. Oikos Tau, 1978.

Shilder, Paul. *Imagen y apariencia del cuerpo humano.* Buenos Aires. Paidós.

Shulman S. Lee, Evan R. Keislar. *Aprendizaje por descubrimiento.* México. Trillas, 1979.

Teevan, Richard S. y Birney Robert. C. *Teorías sobre motivación del aprendizaje.* Mexico.
Torbert, Marianne. *Juegos para el desarrollo motor.* Impresora Galve, Mexico, 1985.
Vayer, Pierre. *Educación psicomotriz: el niño frente al mundo.* Barcelona. Ed. Científica-Medica, 1973.
El diálogo corporal. Educación psicomotriz. Barcelona. Ed. Científica-Medica. 1972.
Vayer, Pierre y Psico, Luis. *Educación psicomotriz y retraso mental.* Barcelona. Ed. Cientifica-Medica, 1969.
Wallon, H. *Del acto al pensamiento: ensayo de psicología comparada.* Buenos Aires. Psique, 1974.
Wallon, H. y Lurat, Liliane. *El dibujo del personaje por el niño: sus etapas y cambios.* Buenos Aires. Proteo, 1968.
Wallon, Henry. *La evolución psicológica del niño.* Buenos Aires. Psique, 1972.
Los orígenes del carácter del niño. Buenos Aires. Nueva Vision, 1975.
Watson, R. Lowrey. *Crecimiento y desarrollo del niño.* México, Trillas, 1976.
Winnicott, D. W. *Realidad y juego.* Ed. Gedisa. Barcelona, 1979.
Juegos didácticos-Enciclopedia de última moda, No. 12. Ed. Offset. México.
"*El libro de oro de los niños*". Bruguera Mexicana de Ediciones, S. A.
"*Los mil juegos*" A.M.I.B.E.F. Direccion Nacional de Educacion Física, Deportes y Recreación.
Wolff, G. *Trastornos psíquicos del niño: causas y tratamientos.* Madrid. Siglo XXI, 1970.
Zapata, Oscar A. *Psicología social de instituciones y grupos en educación.* Boletín FIEP. Vol. 52. 1982-1983.
Teorías del aprendizaje. Buenos Aires. Centro de Investigación y Documentación en Educación Física, 1974.
Programa de Educación Física, Preescolar, Subsecretaria del Deporte. Dirección General del Deporte.
Psicomotricidad. Base de apoyo de los aprendizajes escolares. D.E.P. del Edo. de México. 2a. edición, 1979.
El movimiento y su influencia en el desarrollo de la personalidad del niño. Estafeta números 7 y 8. Mexico, 1977-1978.
Zapata, Oscar A. y Auino F. *Psicopedagogía de la motricidad.* México, Trillas, 1979.

Esta obra se terminó de imprimir
en julio de 2006, en los Talleres de

IREMA, S.A. de C.V.
Oculistas No. 43, Col. Sifón
09400, Iztapalapa, D.F.